# LES PRIVILEGES ACCORDEZ AUX MAISTRES PATICIERS ET OUBLAYERS DE LA VILLE ET BANLIEUE DE PARIS,

Par le Roy CHARLES IX. par ses Lettres du mois de Juillet 1566. signées, Par le Roy, DE LAUBESPINE. Registrées en Parlement le 10 Février 1567. par Acte signé, DU TILLET. Enregistrées aussi en la Chambre du Procureur du Roy, au second Cahier neuf, par Acte signé, DE VILLEMONTÉE. Et aussi enregistrées au Livre de Police le 21 Janvier 1573. par Acte signé, DU TILLET.

LETTRES PATENTES DU MESME ROY CHARLES IX. du dernier Juin 1567. adressantes au Prevost de Paris, portant jussion & commandement qu'il eust à verifier lesdites Lettres signées, Par le Roy en son Conseil, DE LOMENIE.

Lesdits Privileges confirmez par HENRY III. par ses Lettres du mois May 1576 Signées DE VIRTON. Et autres Lettres du mesme Roy du mois de Juillet 1598. Signées, DE COMPANS. Registrées en ladite Cour de Parlement le 7 Septembre 1598. par Arrest, Signé, VOYSIN.

Confirmez iceux Privileges par LOUIS XIII. par ses Lettres du mois d'Octobre 1612. Registrées en Parlement le 11 May 1615. Signé, DU TILLET & PARNAJON.

Et par LOUIS XIV. par ses Lettres du mois de May 1653. Signées, Par le Roy, SAULGER. Registrées en la Cour le 18 Juin 1653. Signé, DU TILLET. *Visa*, MOLÉ & *Contentor*, ROUX.

Deux Sentences données au Chastelet le 11 Juillet 1653. portant que lesdites Lettres seront registrées audit Chastelet. Ensemble la Confirmation de leur Chapelle de S. Michel.

Trois Arrests de la Cour de Parlement, des 11 & 26 Aoust 1717. & 10 Aoust 1735.

*Ces Privileges ont été reimprimez en l'année* 1736. JEAN-ANTOINE LEPAPE, DENIS-HENRY DELAMOTTE, FIACRE GRESSIER, GUILLAUME PETIT, *Jurez en Charge*, & SIMON AUBERT, *Receveur*.

A PARIS,
De l'Imprimerie de CHARLES OSMONT, rue Saint Jacques, à l'Olivier.
MDCCXXXVI.

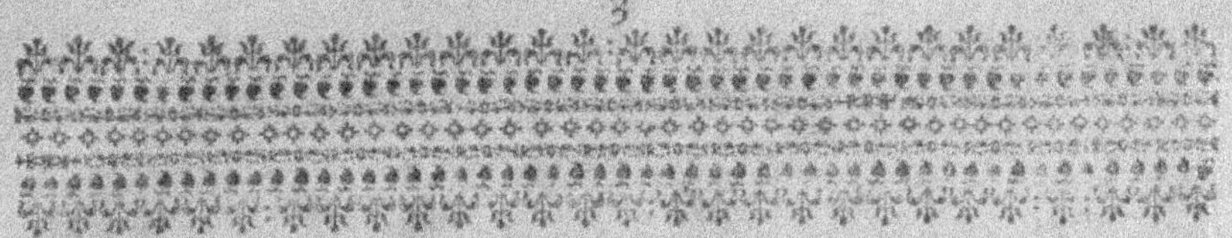

# LES STATUTS ET PRIVILEGES

*Accordez aux Maistres Paticiers Oublayers de la Ville, Fauxbourgs & Banlieuë de Paris, par le Roy Charles IX. & confirmez par ses successeurs Rois Henry III. Louis XIII. & Louis XIV.*

CHARLES PAR LA GRACE DE DIEU, Roy de France : A tous presens & à venir, Salut, SÇAVOIR FAISONS, Nous avons receu l'humble supplication de nos chers & bien amez les Maistres Jurez, Gardes & Communauté de l'Art de Paticier Oublayer de nostre bonne Ville, Fauxbourgs & Banlieue de Paris ; Contenant que par nos prédecesseurs Rois, d'heureuse & loüable memoire, que Dieu absolve, pour la police, conduite & entretenement dudit Mestier, & obvier aux fraudes & abus qui se pouvoient commettre, leur ont esté dès long-temps concedez & octroyez plusieurs beaux Privileges, Statuts & Ordonnances politiques, ainsi qu'ils sont plus au long contenus & declarez par les Lettres de Chartres de nosdits Predecesseurs : Toutesfois par la negligence & mauvais soin de leurs predecesseurs audit Mestier, seroit iceluy au grand detriment & dommage de la chose publique, quasi demeuré sans Reglement & Police. Pour à quoy pourvoir, & aux entreprises qui se font ordinairement sur cedit Mestier par aucuns autres Mestiers de nostredite Ville & Fauxbourgs, & aussi assoupir tous differends & procez qui pour raison de ce se pourroient mouvoir entre lesdits Supplians & ledit Mestier, iceux Supplians auroient puis n'agueres suivant nos Ordonnances faites aux Estats generaux tenus en nostre Ville d'Orleans, fait voir & arrester en langage intelligible leursdites Ordonnances, tant anciennes que modernes, & icelles corriger &

augmenter ainsi qu'il étoit de besoin pour le bien, utilité & commodité de la chose publique, police & entretenement dudit Mestier; dont la teneur ensuit.

I.

PREMIEREMENT, Que nul ne pourra doresnavant tenir ouvroir de Paticier & Oublayer en cettedite Ville de Paris, s'il n'a esté Apprentif par le temps & espace de cinq ans chez un Maistre de cettedite Ville, & s'il n'a fait son temps d apprentissage.

II.

ITEM, Que nul ne pourra tenir ouvroir s'il n'a fait Chef-d'œuvre de Paticerie & d'Oublayerie; A sçavoir, quant à la Paticerie six Plats complets en un jour, à la discretion des Jurez: Et pour ledit estat d'Oublayerie, sera pareillement tenu celuy qui voudra estre passé Maistre dudit estat, faire en un autre jour pour son Chef-d'œuvre, cinq cens de grandes Oublayes, trois cens de Supplications, de deux cens de Tours dudit Mestier bons & suffisans, & faire six Pastez pour ledit ouvrage; & aussi pourveu qu'il soit homme de bien, de bonne vie & honneste conversation, sans estre repris d'aucun vilain cas & reproche, & qu'il ne soit temoigné estre tel par les Gardes & Ouvriers dudit Mestier.

III.

ITEM, Qu'aucun dudit Mestier ne pourra faire Pastez grands & petits, de quelque poids qu'ils soient, s'ils ne sont faits de bonne chair & de bon poisson, non corrompus pour user au corps humain, & ce en peine de vingt sols parisis d'amende pour la premiere fois, applicable moitié au Roy, & l'autre moitié aux Jurez des Gardes dudit Mestier.

IV.

ITEM, Que nul ne pourra faire Tartes & Tartelettes, si elles ne sont de bons & loyaux fromages & de bonne crème fine, non corrompue, pour les inconveniens qui en pourroient avenir, sur la peine de l'amende applicable comme dessus.

V.

ITEM, Ne pourront iceux Paticiers & Oublayers faire Richolles, si elles ne sont de veau, mouton, ou de tranche de cymier de bœuf, le tout bon, loyal & marchant: & si ne les pourront garder que le jour qu'elles seront faites, & s'ils en gardent pour le lendemain, de les faire rechauffer pour les exposer en vente; seront condamnez en l'amende comme dessus.

VI.

ITEM, Que les Maistres dudit Mestier ne pourront faire Pastez, Richolles, ou quelque autre ouvrage dudit Mestier, tant de chair que de poisson corrompu, & ce en peine d'estre iceluy ouvrage ars & brussé devant l'hostel de celuy qui aura fait ledit ouvrage, & outre le délinquant condamné en telle peine & amende que Justice arbitrera.

VII.

ITEM, Que lesdits Paticiers ne pourront exposer en vente Pastez rechauffez de quelque sorte que ce soit, sur la peine que dessus.

VIII.

ITEM, Que nuls dudit Mestier ne pourront porter ou faire porter, ou envoyer par les Tavernes ou Cabarets, Estuves ou autres lieux, petits Pastez & autres Marchandises dudit Mestier, si on ne les vient querir ou demander au logis des Maistres, sur la peine que dessus.

IX.

ITEM, Que les Maistres dudit Mestier ne pourront tenir que deux Apprentifs en un même temps, lesquels seront obligez Paticiers & Oublayers, & ce pour le temps & terme de cinq ans finis & accomplis, & non pour moins de temps; & si lesdits Apprentifs s'absentent hors de la maison de leurs Maistres où ils sont obligez par l'espace de trois mois, en ce cas leur Brevet sera cassé & annullé, comme non fait & non avenu; Et deffenses à tous Maistres dudit Mestier, tant de cette Ville de Paris, que Fauxbourgs d'icelle, de les prendre & retirer en leurs maisons pour y besogner de leurdit estat, ains seront tenus les renvoyer à leursdits Maistres pour parachever avec eux leurs temps de leur apprentissage, & ce en peine de quatre livres parisis d'amende pour la premiere fois, applicable comme dessus: & ne pourront les Jurez & Maistres dudit Mestier, bailler & transporter lesdits Apprentifs à autres, sur la peine que dessus.

X.

ITEM, Ne pourront lesdits Maistres, tant de cettedite Ville de

Paris, que Fauxbourgs d'icelle, envoyer lesdits Apprentifs vendre & débiter parladite Ville & Fauxbourgs, petits Pastez, petits Choux, Echaudez, Richolles, Tartelettes, & autre menuë marchandise dudit Mestier, attendu les inconveniens, fortunes & maladies qui en peuvent avenir, & aussi que c'est la perdition desdits Apprentifs, qui ne peuvent apprendre leur Mestier, & au lieu de ce apprennent toute pauvreté, & ne peuvent à la fin de leur temps estre ouvriers de leurdit estat, qui est une grande charge de conscience ausdits Maistres, & ce sur la peine que dessus.

XI.

Item, Que chacun Apprentif quand il sera obligé, payera au Roy cinq sols parisis, & ce auparavant que leur Maistre les mette en besogne, sur la peine que dessus.

XII.

Item, Que le Maistre de l'Apprentif sera tenu de le faire sçavoir aux Jurez dudit Mestier aussi auparavant que de le mettre à l'ouvrage, & ce sur la peine que dessus.

XIII.

Item, Que les Oublayers crians leurs Oublayes par la Ville & Fauxbourgs de Paris, ne pourront joüer à l'argent aux dez, ains seulement aux Oublayes plattes en portant son mestier, & de ne joüer par les ruës sur pierre ni establie, ains en maisons bourgeoises, pour les inconveniens qui en pourroient avenir, sur la peine que dessus.

XIV.

Item, Que nul dudit Mestier d'Oublayer ne pourra racheter son Coffin que de pareil mestier qu'il joüera, & ce sur la peine que dessus.

XV.

Item, Que les Maistres Oublayers qui s'entremettent d'aller faire Gauffres aux Pardons des Eglises, ne pourront icelles faire qu'ils ne soient distans de l'un de l'autre de deux toises & plus, pour éviter aux périls & inconveniens qui en pourroient avenir, & ce sur la peine que dessus.

XVI.

Item, Qu'aucun dudit Mestier ne pourra vendre ne exposer en vente, tant grand Pain à chanter Messe, que petit Pain à communier, en ladite Ville, Fauxbourgs & Banlieuë de Paris, en quelque lieu que ledit Pain à chanter ait esté fait, soit à Paris ou ailleurs, jusqu'à ce qu'il ait esté & soit veu & visité par les Jurez dudit Mestier, & ce sur ladite peine à appliquer comme dessus.

XVII.

ITEM, Ne pourront lesdits Maistres dudit Mestier substraire & susciter les chalans des uns des autres, ne porter ou envoyer presens, soit par messagers ou autres, pour entreprendre & marchander la besogne qui leur appartient, & qui sera offerte par leursdits chalans. Et où il sera trouvé qu'ils, ou aucun d'eux, ayent ce fait, l'amenderont pour la premiere fois de vingt livres parisis d'amende, applicable, à sçavoir moitié au Roy, & l'autre moitié ausdits Jurez, & pour les autres fois à la discretion de la Justice.

XVIII.

ITEM, Que les femmes veuves dudit Mestier joüiront de la Maistrise d'iceluy durant le temps qu'elles seront & demeureront en viduité tant seulement; Et toutesfois ne pourront prendre ne tenir aucuns Apprentifs durant ledit temps qu'elles seront en viduité, & ce sur peine de dix-huit deniers parisis d'amende pour la premiere fois, applicable comme dessus. Et neantmoins paracheveront avec lesdites Veuves les Apprentifs qui seront obligez à leursdits maris le temps de leur apprentissage, sans qu'ils en puissent prétendre d'autres, comme dit est.

XIX.

ITEM, Qu'il soit permis aux Maistres Paticiers & Oublayers de cettedite Ville & Fauxbourgs de Paris, de mesurer bled à l'heure accoustumée, parce que le plus beau bled n'est pas trop bon pour faire ouvrage de Paticerie, & aussi Pain à chanter Messe & à communier, où le Corps de Jesus-Christ est celebré.

XX.

ITEM, Pour la garde dudit Mestier, & pour faire visitation en icelui, & rapporter les fautes qui y seront faites & commises, y aura quatre Jurez qui seront éleus par la Communauté dudit Mestier, & ce changeront tous les ans de deux nouveaux Jurez, & ne pourront estre Jurez que par l'espace de deux ans pour une fois seulement.

XXI.

Item, Ne pourront doresnavant les Maistres Paticiers faire ouvrage de Paticerie aux Festes solemnelles commandées de l'Eglise, comme Pasques, Pentecoste, Feste-Dieu, Nostre-Dame de my-Aoust, le jour de S. Michel, la Toussaint, Noel, & Nostre-Dame de Chandeleur, & ce sur peine de l'amende, applicable comme dessus est dit.

XXII.

Item, A ce que mieux & plus loyaument lesdits Jurez puissent faire leur devoir en la maniere cy-dessus declarée, toutes & quantesfois qu'il en sera requis & necessaire au Mestier de faire & élire nouveaux Jurez & Gardes dudit Mestier de Paticier & Oublayer, deux des anciens Jurez demeureront pour l'année à venir, avec les deux autres nouveaux Jurez, qui à ce seront éleus par la maniere & ainsi que dessus est dit.

XXIII.

Item, Ne pourront aucunes personnes, soit homme, femme ou enfans, vendre ne exposer en vente en cettedite Ville & Fauxbourgs de Paris, tant en Caresme qu'en autre temps, toutes sortes de Bignets & Poisson de friture, attendu que c'est une viande qui n'est bonne ne valable pour mettre au corps humain, qui est contrevenir aux Ordonnances, sur peine que dessus.

XXIV.

Item, Qu'il est permis ausdits Maistres Paticiers & Oublayers de cettedite Ville & Fauxbourgs de Paris, de vendre vin à leur logis, tant à asseoir, qu'à pots & détail & à moyen prix, suivant les anciennes coutumes, & comme ils ont accoutumé de faire par toutes les Villes de ce Royaume.

XXV.

Item, Ne pourront aucunes personnes vendre en leurs maisons, par la Ville & Fauxbourgs de Paris, aucunes Brioches, ne Pain-d'épice, qui est chose de tout contrevenant aux Ordonnances du Roy mesmes que par la Sentence & Jugement donné le vingt-sixiéme jour de Juillet mil cinq cens soixante-un, il a été deffendu à toutes personnes d'en vendre, comme il appert par ledit Jugement,

&

& ce sur peine d'amende arbitraire, & de confiscation de ladite marchandise.

XXVI.

ITEM, Que suivant les Ordonnances dudit Mestier de Paticier & d'Oublayer, conformes aux Sentences & Jugemens cy-devant donnez en la Chambre Politique, confirmez par Arrest de la Cour en datte du deuxiéme jour de Septembre mil cinq cens soixante-quatre, deffenses sont faites à tous Cuisiniers & autres personnes, d'entreprendre aucunes noces, banquets, ni en icelles fournir Paticerie, Volailles, Viandes ou Gibiers, ne faire contre ny au prejudice des estats desdits Paticiers, Rotisseurs & Poulaillers, ny regrater en aucune sorte & maniere que ce soit, sur peine d'amende arbitraire, & de tous despens, dommages & interests.

XXVII.

ITEM, Qu'aucunes personnes ne pourront faire ouvrage de Paticerie & d'Oublayerie, tant en cette Ville qu'és Fauxbourgs de Paris, soit étrangers ou autres, de n'user & mettre en œuvre paste étoffée d'œufs ou de sucre, ne icelles exposer en vente, s'ils ne sont Maistres dudit Mestier, & ce en peine de dix livres parisis d'amende pour la premiere fois, applicable comme dessus.

XXVIII.

ITEM, Qu'aucun dudit Mestier ne pourra tenir ouvroir, si premierement il n'a esté expressement par les Maistres & Gardes dudit Mestier de Paticier & Oublayer, & qu'il n'ait servi les Maistres dudit estat.

XXIX.

ITEM, Que tous Maistres de don de Lettres qui ont esté cy-devant receus audit estat de Paticier & Oublayer, & fait experimente d'iceluy estat auparavant que d'y avoir esté receus, seront appellez & mandez à voir faire tous Chef-d'œuvre dudit Mester, comme les autres Maistres de Chef-d'œuvre entier; & joüiront leurs veuves & enfans de pareils & semblables Privileges que joüissent iceux Maistres de Chef-d'œuvre.

XXX.

ITEM, Que doresnavant il ne sera receu aucun audit estat de Paticier & Oublayer, soit par Lettres de don du Roy ou autrement, que premierement il ne fasse Chef d'œuvre complet, & ait esté apprentif en cette Ville de Paris par l'espace de cinq ans entiers, comme dit est cy-dessus; Et ce suivant les Ordonnances faites par ledit Seigneur aux Estats generaux tenus à Orleans, & Lettres de Declaration depuis obtenuës à cette fin par les Communautez, Artisans & gens de Mestier de ladite Ville.

XXXI.

Item, Est fait deffenses ausdits Maistres Paticiers Oublayers de ne prendre aucuns serviteurs, sinon par les mains du Clerc dudit Mestier, & deffenses à toutes autres personnes de s'entremettre d'en bailler aucun, si ce n'est par le consentement & mandement dudit Clerc, pource qu'il est chargé de ce faire, pour éviter aux inconveniens qui en pourroient avenir; & ce sur peine d'amende arbitraire, applicable comme dessus.

XXXII.

Item, Qu'il soit permis ausdits Jurez Paticiers & Oublayers, avoir visitation sur les fromages de Brie, œufs & beurre qui seront vendus en cettedite Ville de Paris & Fauxbourgs d'icelle, & iceux lottir, attendu qu'iceux Paticiers y ont interest, pource que journellement ils mettent en œuvre ladite Marchandise, & trouvent que la plûpart d'iceux sont corrompus, & ne sont loyaux & marchans, qui sera un grand bien pour la Republique.

XXXIII.

Item, Que nuls serviteurs dudit Mestier ne pourront s'absenter de leurs Maistres, s'ils n'ont fait le temps qu'ils soient allouez à leursdits Maistres, & deffenses à tous Maistres de ne les prendre à leur service, que premierement leursdits Maistres ne soient contens, sur peine d'amende arbitraire.

XXXIV.

Item, Que si aucun Maistre Paticier prend quelque Garçon pour apprendre ledit estat pour moindre temps que cinq ans, ne pourra tenir avec luy qu'un apprentif; Et neantmoins ne pourra acquerir la franchise dudit Mestier, s'il n'a esté apprentif par l'espace de cinq ans. Et neantmoins ne pourront lesdits Maistres les prendre, que prealablement ils n'ayent averty lesdits Jurez, pour en tenir registre du temps qui les tiendront. & ce en peine de huit livres parisis d'amende, applicable comme dessus.

DESQUELS anciens Statuts & nouveaux Articles cy-dessus declarez, lesdits Maistres Jurez & Communauté dudit Mestier de Paticier & Oublayer, Nous ont tres-humblement supplié & requis leur vouloir octroyer Lettres de confirmation, omologation & autorisation pour ce requises & necessaires. SÇAVOIR FAISONS, Que Nous voulans bien & favorablement traiter lesdits Supplians, & iceux non seulement conserver & garder en leursdits anciens Statuts & Ordonnances, comme nosdits Predecesseurs ont fait, mais aussi pour le bien, utilité, commodité & chose publique, police, augmentation & entretenement dudit Mestier, leur en donner & octroyer d'autres; Et aprés qu'avons fait voir par les Gens de nostre Conseil Privé lesdits anciens Statuts & nouveaux Articles cy-dessus declarez, Avons en continuant & confirmant iceux anciens Statuts & Ordonnances, lesdits nouveaux Articles loüez, greez, ratifiez, confirmez, omologuez & approuvez, & de notre grace speciale, pleine puissance & autorité Royale, loüons, gréons, ratifions, confirmons & approuvons par ces Presentes, & iceux nouveaux Articles de nouveau donné & octroyé, donnons & octroyons ausdits Supplians & Communauté dudit Mestier de Paticier & Oublayer en notredite Ville de Paris, & Fauxbourgs d'icelle, pour en joüir & user, & estre doresnavant & par cy-aprés inviolablement observez & gardez en nostredite Ville de Paris & Fauxbourgs, & par tout ailleurs qu'il appartiendra & besoin sera, de point en point selon leur forme & teneur, sans y contrevenir ne innover aucune chose au contraire. SI DONNONS en mandement par cesdites Presentes à nos amez & feaux les Gens tenans nostre Cour de Parlement à Paris, Prevost dudit lieu, ou son Lieutenant, & à tous nos autres Justiciers & Officiers qu'il appartiendra, que par nos presens confirmation, omologation, autorisation & approbation, ils fassent lire, publier & enregistrer, & du contenu esdites Ordonnances, tant anciennes que modernes, faire souffrir & laisser joüir & user lesdits Supplians & leurs successeurs audit Mestier de Paticier & Oublayer, en contraignant & faisant contraindre à ce faire, souffrir & obeir tous ceux qu'il appartiendra, & qui pour ce feront contraindre par les voyes que de raison; Le tout nonobstant oppositions ou appellations quelconques, pour lesquelles ne voulons estre differé: CAR tel est nostre plaisir; Nonobstant quelconques Privileges, Statuts, Arrests, Jugemens, Sentences, Mandemens, Deffenses & Lettres impetrées & à impetrer au contraire. Et afin que ce soit chose ferme & stable à toujours, Nous avons fait mettre nostre Seel à cesdites Presentes. DONNE' à Paris au mois de Juillet, l'an de grace mil cinq cens soixante-six, & de nostre Regne le sixiéme. Ainsi signé, Par le Roy, DE LAUBESPINE. Et scellé en lacs de soye rouge & verte, de cire verte.

*Registré, oüy le Procureur General du Roy, pour joüir par les Impetrans de l'effet & contenu en icelles, aux charges portées par le Registre de ce jour. A Paris en Parlement le dixiéme jour de Février l'an mil cinq cens soixante-sept.* Signé, DU TILLET.

*Enregistré en la Chambre du Procureur du Roy au second Cahier neuf, & ces presens Originaux rendus aux Jurez.* CONTENTOR.

BRISSET.

---

CHARLES PAR LA GRACE DE DIEU, Roy de France: Au Prevost de Paris ou son Lieutenant, Salut. Nos chers & bien amez les Maistres Jurez, Gardes & Communauté de Paticier Oublayer de nostre Ville, Fauxbourgs & Banlieuë de Paris, Nous ont fait remontrer, Qu'au mois de Juillet dernier, ils Nous presenterent certains anciens Statuts & nouveaux Articles pour la police de leur Mestier, lesquels nous aurions deslors fait voir en nostre Privé Conseil, & décerné nos Lettres Patentes en forme de Chartres, & par icelles approuvé, omologué & autorisé lesdits Statuts & Articles, & mandé à nostre Cour de Parlement & à vous, faire joüir & user les Exposans du contenu en icelles, laquelle nostredite Cour auroit verifié nosdites Lettres dés le douziéme Février dernier, & ordonné que les Exposans joüiront du contenu en icelles, excepté pour le regard du trente-deuxiéme Article, depuis elles vous ont esté presentées; Et combien qu'elles soient verifiées en nostredit Conseil, neantmoins vous faites difficulté proceder à la publication d'icelles en vostre Siege pour quelques Articles y contenus, Nous suppliant & requerant que nostre bon plaisir fust leur pouvoir : NOUS par l'avis de nostre Conseil, qui a veu nosdites Lettres, Arrest & verification sur icelles, Vous mandons & enjoignons par ces Presentes, que vous prendrez pour toutes jussions & commandemens, sans en attendre de nous d'autres, Qu'incontinent vous fassiez lire, publier & enregistrer nosdites Lettres, icelles garder, observer & entretenir de point en point selon leur forme & teneur, & tout ainsi que par icelles est porté, sans user d'autres modifications ou restrictions sur icelles, autre que celle qui est portée par lesdits Arrests, ains du contenu en icelles faites joüir les Exposans pleinement & paisiblement. MANDONS en outre à nostre Procureur tenir la main pour l'observation desdits Statuts & Articles, ou nous mander les causes qui vous meuvent de ne proceder à la verification d'icelles, & tout ce que dessus faire, souffrir & obeïr, contraignez ou faites contraindre tous ceux qu'il appartiendra par toutes voyes deuës & raisonnables, nonobstant oppositions ou appellations quelconques, & sans prejudice d'icelles, pour lesquelles ne voulons estre differé; CAR tel est notre plaisir; Nonobstant quelconques Ordonnances, restrictions, mandemens, dessenses, & Lettres à ce contraires. DONNÉ à Saint Germain en Laye le dernier jour de Juin, l'an de grace mil cinq cens soixante-sept, & de notre Regne le septiéme. Signé, Par le Roy en son Conseil, DE LOMENIE.

---

*Extrait des Registres de la Cour de Parlement.*

VEu par la Cour les Lettres Patentes du Roy en forme de Chartre, données au mois de Juillet dernier, signées, Par le Roy, DE LAUBESPINE; Contenant plusieurs Articles concernans le Reglement & Police du Mestier de Paticier & Oublayer de la Ville, Fauxbourgs & Banlieuë de Paris, obtenuës & impetrées de la part des Maistres Jurez, Gardes & Communauté de l'Art de Paticier Oublayer de ladite Ville & Fauxbourgs : Les conclusions du Procureur General du Roy, auquel l'Ordonnance d'icelle const lesdites Lettres, ont esté communiquées, Et tout consideré : LADITE COUR a ordonné que lesdites Patentes seroient registrées és Registres d'icelle, pour joüir par les Impetrans de l'effet & contenu en icelles, fors & excepté pour le regard du trente-deuxiéme Article d'icelles, consentant la visitation des fromages de Brie, œufs & beurre. FAIT en Parlement le dixiéme jour de Février mil cinq cens soixante-sept. Signé, DU TILLET.

CHARLES PAR LA GRACE DE DIEU, Roy de France, Au Prevost de Paris ou son Lieutenant, Salut. Les Maistres Jurez de la Communauté des Paticiers & Oublayers de la Ville & & Fauxbourgs de Paris, Nous ont fait remontrer, Que par cydevant ils Nous auroient en nostre Conseil Privé presenté certains Statuts & Articles pour leur Mestier, lesquels nous aurions par nos Lettres Patentes approuvez & omologuez, & mandé à nostre Cour de Parlement de Paris & à vous, faire joüir les Exposans du contenu en iceux, ce que nostredite Cour auroit ordonné, oüy notre Procureur General en icelle, & depuis nosdites Lettres vous auroient esté presentées, qui ne les auriez voulu verifier : Ce que les Exposans nous ayant remonstré, Nous vous aurions par autres nos Lettres Patentes, mandé verifier nosdites premieres Lettres, suivant l'Arrest de nostredite Cour de Parlement, ou nous envoyer les causes pour lesquelles vous differez ladite verification : lesquelles secondes Lettres vous estant presentées, vous auriez retenuës sans icelles verifier ne rendre aux Exposans, qui nous auroient le tout remonstré en nostredit Conseil ; Et par l'avis d'iceluy, vous aurions mandé verifier lesdites Lettres, ou nous envoyer en nostredit Conseil dans huitaine les causes de vostre refus, à peine d'en répondre en vostre propre & privé nom; A quoy vous n'auriez obey, au moyen de quoy vous aurions derechef mandé verifier nosdites Lettres suivant ledit Arrest, à peine de tous dépens, dommages & interests des Exposans: Néantmoins quelque commandement & jussions que nous vous ayons faites, vous n'avez voulu proceder à la verification de nosdites Lettres, ains vous ou nostredit Procureur, avez retenu la plus grand part de nosdites Lettres sans les vouloir rendre ausdits Exposans, qui nous ont tres-humblement fait supplier & requerir leur pourvoir: NOUS par l'avis de nostre Conseil, qui a veu nosdites Lettres & autres pieces cy-attachées sous le contrescel de nostre Chancellerie, vous mandons, commettons & enjoignons par ces Presentes, que voulons vous servir de toutes jussions, vous proceder à la verification de nosdites Lettres en forme de Chartre, pour les Statuts dudit Mestier des Exposans, dans huitaine aprés la presentation d'icelles, & faites joüir les Exposans du contenu en nosdites Lettres, suivant l'Arrest de nostredite Cour; Et à faute de ce faire, & ledit temps passé, Mandons au premier de nos amez & feaux Maistres des Requestes ordinaires de nostre Hostel, se transporter en vostre Auditoire du Chastelet de Paris, & faire lire, publier & enregistrer nosdites Lettres en forme de Chartre, & joüir les Exposans du contenu en icelles suivant ledit Arrest de nostredite Cour de Parlement, nonobstant oppositions ou appellations quelconques, pour lesquelles ne voulons estre differé: CAR tel est nostre plaisir, nonobstant quelconques Ordonnances, Restrictions, Mandemens & Deffenses à ce contraires. DONNE' à Paris le douziéme jour de May, l'an de grace mil cinq cens soixante-huit, & de nostre Regne le huitiéme. Signé, Par le Roy en son Conseil, DE LAMONERE. Et scellé en placart de cire jaune.

*Collation des presentes copies a esté faite aux originaux d'icelles estans en parchemin sains & entiers, par nous Notaires du Roy nostre Sire au Chastelet de Paris soussignez, le 24. jour de Juin 1570. Ainsi signé,* NUTRAT *&* BERGEON.

A Tous ceux qui ces presentes Lettres verront: Antoine Duprat, Chevalier de l'Ordre du Roy, Seigneur de Nantoillet, Precy, Rozay & Fourmeries, Baron de Thiers, Thoury & Viteaux, Conseiller de Sa Majesté, son Chambellan ordinaire, & Garde de la Prevosté de Paris, Salut. SÇAVOIR FAISONS, Que sur la Requeste à luy presentée par les Maistres Jurez, Gardes & Communauté de l'Art de Paticier & Oublayer en cette Ville de Paris, tendant par icelle à ce que les Lettres Patentes du Roy données à Blois le quatriéme jour de Mars mil cinq cens soixante-douze, dernier passé, fussent entherinées, & en ce faisant qu'ils puissent joüir de tel effet & contenu és Lettres Patentes dudit Seigneur en forme de Chartre, données à Paris au mois de Juillet mil cinq cens soixante-six, enregistrées en la Cour de Parlement, oüy sur ce le Procureur General du Roy, le dixiéme jour de Février mil cinq cens soixante-sept, aprés qu'il nous est apparu desdites Lettres en forme de Chartre cy-dessus dattées, signées, Par le Roy, DE LAUBESPINE. *Visa* CONTENTOR, BRISSET. Autres Lettres Patentes données à Blois le quatriéme jour de Mars mil cinq cens soixante-douze, signées, Par le Roy en son Conseil, DE SOURIEU, & scellées sur double queuë du grand Scel en cire jaune, enregistrées en ladite Cour le vingt-deuxiéme jour de Mars audit an, Arrest sur ce intervenu ledit jour vingt-deuxiéme de Mars, signé, DE HENEZ; Et oüy sur ce le Procureur du Roy nostre Sire audit Chastelet: De son consentement NOUS ordonnons en enterinant lesdites Lettres, que lesdits Maistres Jurez, Gardes & Communauté de Paticier & Oublayer en cette Ville & Banlieuë de Paris, joüiront de l'effet & contenu esdites Lettres du mois de Juillet mil cinq cens soixante-six, suivant l'Arrest donné en ladite Cour sur ce intervenu; Et en ce faisant avons fait inhibitions & deffenses à toutes personnes de leur donner aucun trouble ou empêchement en l'effet & joüissance desdites Lettres de Chartre, & Articles contenus en icelles, selon & aux charges portées & contenuës par les Arrests de ladite Cour; lesquelles Lettres nous ordonnons estre registrées au Registre ordinaire du Chastelet de Paris,

Paris, pour y avoir recours quand il appartiendra & que mestier sera. En témoin de ce, Nous avons fait mettre à ces Presentes le Scel de la Prevosté de Paris, par Noble homme & sage Maistre Pierre Seguier, Conseiller du Roy nostre Sire, Lieutenant Civil de la Prevosté de Paris, le Mercredy vingt-uniéme jour de Janvier, l'an mil cinq cens soixante-treize. Ainsi signé, DROUART.

*Collation de la presente copie a esté faite à son original en parchemin sain & entier, par nous Notaires du Roy nostre Sire au Chastelet de Paris soussignez, l'an mil cinq cens soixante-treize, le Mardy onziéme jour de Mars. Ainsi signé,* LA FRONGNE *&* THIERIOT.

*Collation des copies cy-dessus a esté faite & prise sur autres copies collationnées aux originaux par les Notaires dessus nommez, par nous Notaires du Roy nostre Sire au Chastelet de Paris, soussignez, l'an mil cinq cens soixante-treize, le Mardy sixiéme jour d'Octobre. Ainsi signé,* CHARLOT *&* ROSSIGNOL.

LOUIS PAR LA GRACE DE DIEU, Roy de France & de Navarre, A tous presens & à venir, Salut. Nos chers & bien amez les Maistres Jurez & Communauté des Paticiers Oublayers de nostre bonne Ville & Fauxbourgs de Paris, Nous ont fait dire & remonstrer, que les Rois nos predecesseurs pour obvier à plusieurs abus, malversations & monopoles qui se commettent audit Mestier, leur auroient accordé plusieurs Privileges qui leur ont esté confirmez de Regne en Regne, mesme par le feu Roy nostre tres-honoré Seigneur & Pere, que Dieu absolve, qu'ils auroient fait enregistrer en nostre Cour de Parlement à Paris, & par tout où besoin a esté, ainsi qu'il appert par Lettres qui leur en furent expediées, & Arrests de verification, cy-attachées sous nostre contrescel; desquelles ensemble de la concession à eux accordée par nostredit Seigneur & Pere, par ses Lettres Patentes du mois d'Octobre mil six cens douze; A sçavoir que ceux qui se loüeront ausdits Exposans & à leurs successeurs audit Mestier, pour les servir en iceluy, ne pourront sortir d'avec leur Maistre qu'après l'an expiré, & que lesdits Exposans pourront faire les ouvrages de Paticerie les jours de Nostre-Dame de la Chandeleur,

& qu'ils chomeront & ne pourront sortir & travailler le jour de la Nativité de Nostre-Dame, encore que par lesdits Privileges il ne leur soit permis de travailler ledit jour de la Chandeleur, ils ont & duement joüy & joüissent encores de present : Mais craignant d'y estre troublez, pour n'avoir eu sur ce nos Lettres de confirmation, ils Nous ont fait tres-humblement supplier les leur accorder. SÇAVOIR FAISONS, que Nous inclinant à leur supplication, Avons ausdits Exposans continué & confirmé, continüons & confirmons par ces Presentes lesdits Privileges & concessions à eux accordées par les Rois nos predecesseurs, Arrests & Ordonnances de verification, & enregistrement d'icelles, pour en joüir par eux & leurs successeurs en la forme & maniere, & tout ainsi qu'ils en ont bien & duëment joüy & usé, joüissent & usent encore de present. SI DONNONS EN MANDEMENT à nos amez & feaux Conseillers les Gens tenans nostre Cour de Parlement, Prevost de Paris, son Lieutenant Civil, ou autres nos Officiers qu'il appartiendra, que nos presentes Lettres de confirmation ils ayent à enregistrer, & du contenu en icelles, & de celles de nos predecesseurs Rois, faire joüir & user lesdits Exposans pleinement & paisiblement, cessant & faisant cesser tous troubles & empêchemens au contraire : CAR tel est nostre plaisir, nonobstant toutes Lettres, Privileges, Statuts, Ordonnances, Jugemens, Arrests & Sentences à ce contraires, ausquelles nous avons dérogé & dérogeons par ces Presentes. Et afin que ce soit chose ferme & stable à toujours, Nous avons fait mettre nostre Scel à ces Presentes. DONNE' à Paris au mois de May l'an de grace mil six cens cinquante-trois, & de notre Regne le dixiéme. Signé, Par le Roy, SAULGER.

*Registrées, oüy le Procureur General du Roy, pour joüir par les Impetrans de l'effet y contenu selon leur forme & teneur, ainsi qu'ils en ont cy-devant bien & duëment joüy & usé, joüissent & usent encore à present. A Paris en Parlement, le dixiéme Juin mil six cens cinquante-trois.* Signé, DU TILLET. CONTENT.

A Tous ceux qui ces presentes Lettres verront, Louis Seguier Chevalier, Baron de Saint Brisson, Seigneur des Ruaux & de Saint Firmin, Conseiller du Roy, Gentilhomme ordinaire de sa Chambre, & Garde de la Prevosté de Paris, Salut. Sçavoir faisons, que veu la Requeste à nous presentée par les Maistres Jurez & Communauté des Paticiers Oublayers de cette Ville & Fauxbourgs de Paris, narrative qu'ils ont obtenu Lettres du Roy au mois de May dernier, portant confirmation de leurs Privileges, lesquelles Lettres ils auroient presentées à Nosseigneurs de Parlement, & par Arrest du dix-huitiéme jour de Juin dernier, ladite Cour a ordonné qu'icelles Lettres seront registrées au Greffe d'icelle, pour joüir par lesdits Maistres Jurez & Communauté de l'effet desdites Lettres selon leur forme & teneur, ainsi qu'ils en ont cy-devant bien & duëment joüy & usé, joüissent & usent encore à present. Et d'autant qu'ils ont interest que nul ne prétende cause d'ignorance de leursdits Privileges, & qu'ils ne les y puissent troubler ny empêcher, ils nous auroient requis d'ordonner que lesdites Lettres, ensemble ledit Arrest de la Cour estre registré au Greffe du Chastelet de Paris, pour y avoir recours quand besoin sera. Sur quoy Nous aprés avoir veu lesdites Lettres Patentes & autres Pieces attachées sous le contreseel d'icelle, & ledit Arrest de la Cour, & oüy sur ce le Procureur du Roy de cette Cour en ses conclusions, Ordonnons que lesdites Lettres Patentes de Sa Majesté du mois de May dernier, seront registrées au Greffe de cette Cour, pour estre icelles executées selon leur forme & teneur, & joüir par lesdits Oublayers de l'effet & contenu en icelles. En témoin de ce Nous avons fait mettre & apposer le Seel de ladite Prevosté de Paris à cesdites Presentes, qui furent faites & données par Messire Dreux Daubray, Conseiller du Roy en ses Conseils d'Estat & Privé, & Lieutenant Civil de la Prevosté & Vicomté de Paris, le onziéme jour de Juillet mil six cens cinquante-trois. Au-dessous est écrit : Collation, avec paraphe. Signé, Delongueil.

*Extrait des Registres de la Cour de Parlement.*

VEU par la Cour les Lettres Patentes données à Paris au mois de May dernier, signées, LOUIS, & sur le reply, Par le Roy, SAULGER, & scellées sur lacs de soye du grand Sceau de cire verte, obtenuës par les Maistres Jurez & Communauté des Paticiers Oublayers de la Ville & Fauxbourgs de Paris, par lesquelles & pour les causes y contenuës, ledit Seigneur leur auroit continué & confirmé les Privileges & concessions à eux accordées par les Rois ses predecesseurs, Arrests & Ordonnances de verification & enregistrement d'icelles, pour en joüir par eux & leurs successeurs en la forme & maniere, & tout ainsi qu'ils en ont bien & deuëment joüy & usé, joüissent & usent encores de present, ainsi que plus au long est porté par lesdites Lettres à la Cour addressantes : Requeste presentée par lesdits Maistres Jurez & Communautez desdits Paticiers Oublayers le 30 May dernier, afin d'enregistrement desdites Lettres. VEU aussi autres Lettres Patentes des Rois Charles IX. Henry III. Henry IV. & Louis XIII. portant ratification & confirmation de leurs autres Ordonnances & Privileges des mois de Juillet mil cinq cens soixante-six, Juin mil cinq cens soixante-sept, May mil cinq cens soixante-seize, Juin mil cinq cens quatre-vingt-quatorze, & Octobre mil six cens douze, verifiées en la Cour le dixiéme Février mil cinq cens soixante-sept, sept Septembre mil cinq cens quatre-vingt-dix huit, & onze May mil six cens treize, & autres pieces attachées sous le contrescel. Conclusions du Procureur General du Roy; Tout consideré: LADITE COUR a ordonné & ordonne, Que lesdites Lettres seront registrées au Greffe d'icelle, pour joüir par les Impetrans de l'effet & contenu en icelles selon leur forme & teneur, & ainsi qu'ils en ont cy-devant bien & duement joüy & usé, joüissent & usent encore à present. Fait en Parlement le dix-huitiéme Juin mil six cens cinquante-trois. Collation. Signé, DU TILLET.

A Tous ceux qui ces presentes Lettres verront ; Louis Seguier, Chevalier Baron de Saint Brisson, Seigneur des Ruaux & de Saint Firmin, Conseiller du Roy, Gentilhomme ordinaire de sa Chambre, & Garde de la Prevosté & Vicomté de Paris, Salut. Sçavoir faisons, Que veu la Requeste à Nous presentée par les Maistres Oublayers de cette Ville de Paris, narrative qu'ils ont obtenu Lettres du Roy données au mois de May dernier, portant confirmation de leurs Privileges, Statuts & Ordonnances, avec pouvoir & permission de fonder une Confrairie en l'honneur de Dieu & de saint Michel Archange, lesquelles Lettres ils ont presentées à la Cour, & par Arrest du dix-huitiéme Juin dernier, ladite Cour a ordonné que lesdites Lettres seront registrées au Greffe d'icelle, pour joüir par lesdits Oublayers de l'effet & contenu desdites Lettres, selon qu'ils en ont cy-devant joüy & joüissent encore à present : Et d'autant qu'ils ont interest pour estre maintenus esdits Privileges, & afin qu'aucun ne les y puisse troubler ny empêcher, ils Nous auroient requis d'ordonner que lesdites Lettres, ensemble ledit Arrest de la Cour, estre registrées au Greffe de cette Cour, pour y avoir recours quand besoin sera. Sur quoi Nous, aprés avoir veu lesdites Lettres Patentes & autres pieces attachées sous le contrescel d'icelles, & ledit Arrest de la Cour, & les Conclusions du Procureur du Roy en cette Cour; Ordonnons que lesdites Lettres Patentes de Sa Majesté du mois de May dernier seront registrées au Greffe de cette Cour, pour estre icelles executées selon leur forme & teneur, & joüir par lesdits Oublayers de l'effet & contenu en icelles. En témoin de ce Nous avons fait mettre à ces Presentes le Scel de ladite Prevôté de Paris, qui furent faites & données par Messire Dreux Daubray, Seigneur d'Aufremont, Villiers & autres lieux, Conseiller du Roy en ses Conseils d'Estat & Privé, & Lieutenant Civil de la Ville, Prevosté & Vicomté de Paris, le onzieme Juillet 1653. Au dessous est écrit : Collation, avec paraphe. Signé, de Longueuil.

*Extrait des Registres de Parlement.*

VEu par la Cour les Lettres Patentes du Roy, données à Paris au mois de May mil six cens cinquante-trois, signées sur le reply, Par le Roy, SAULGER, & scellées sur lacs de soye du grand Sceau de cire verte, obtenuës par les Maistres Oublayers de la Ville de Paris, par lesquelles & pour les causes y contenuës, ledit Seigneur aprés avoir fait voir en son Conseil les Privileges & concessions à eux accordées par les Rois ses predecesseurs, auroit continué & confirmé, omologué & approuvé lesdits Privileges & concessions; Veut & luy plaist, qu'ils joüissent & leurs successeurs du contenu en icelles pleinement, paisiblement & perpetuellement, tout ainsi qu'ils en ont bien & duëment joüy, joüissent & usent encore de present, mesme la faculté de pouvoir fermer leurs boutiques les jours & festes de l'Ascension de Nostre-Seigneur, de la Conception & Annonciation de la Sainte Vierge, comme plus au long est porté par lesdites Lettres à la Cour addressantes: Requeste desdits Maistres Oublayers du trentiéme May dernier, afin d'entherinement desdites Lettres. VEU aussi autres Lettres de concession & confirmation desdits Privileges des Rois Philippes, Charles VII. Charles VIII. Charles IX. & Loüis XIII. d'heureuse memoire, des mois de Janvier 1321. 9. Octobre 1400. 7. Octobre 1480. 6. Decembre 1572. & Févrler 1612. & autres pieces attachées sous le contrescel de la Chancellerie. Conclu ons du Procureur General du Roy, Tout consideré: Ladite Cour a ordonné & ordonne, Que lesdites Lettres seront registrées au Greffe d'icelle, pour joüir par les Impetrans de l'effet & contenu en icelles selon leur forme & teneur, ainsi qu'ils en ont cy devant bien & duëment joüy & usé, jouissent & usent encore à present. Fait en Parlement le dix-huitiéme Juin mil six cens cinquante-trois. Au dessous est écrit, Collation. Signé, DU TILLET.

*Collationné aux cinq Originaux en parchemin, ce fait rendus par les Notaires & Gardenottes du Roy nostre Sire en son Chastelet de Paris, soussignez, l'an mil six cens cinquante-quatre, le dix-huit Septembre.* Signé, DE SAINT VAAST. TRONSON.

# DECLARATION DU ROY,

Du 15 May 1691.

*Pour réunir à la Communauté des Paticiers les Offices de Jurez, créez par l'Edit du mois de Mars 1691.*

Registrée en Parlement le 21 desdits mois & an.

LOUIS par la grace de Dieu Roy de France & de Navarre: A tous ceux qui ces presentes Lettres verront, Salut. Les Jurez & Communauté des Maistres Paticiers Oublayers de nostre bonne Ville & Fauxbourgs de Paris, nous ont très-humblement fait remontrer, qu'ayant par nostre Edit du mois de Mars dernier créé & érigé en titre d'Offices héreditaires les Gardes des Corps des Marchands & les Maistres Jurez des Arts & Mestiers, ils ont un notable interest non seulement que ces Charges soient exercées par des personnes de probité & d'experience, & que ceux qui en abuseront puissent être dépossedez, mais encore que ceux de leur Communauté qui peuvent s'en bien acquitter puissent y parvenir à leur tour, au lieu qu'ils en seroient exclus, si ceux que nous en aurions pourvûs n'en pouvoient être dépossedez. Par ces considerations & par le desir de nous marquer leur zele pour nostre service, & leur soumission à nos volontez, ils nous ont fait offrir de payer au Receveur de nos Revenus Casuels la somme de vingt mille livres, s'il nous plaisoit unir à leur Communauté les Offices de Maistres Jurez Syndics nouvellement créez, pour être exercez par ceux qui nous seront par eux presentez, autant de temps qu'ils aviseront entre eux, en consequence des Provisions que nous leur en ferons expedier, & leur laisser pour l'avenir, lorsque le temps de l'exercice de ceux que nous aurions pourvûs sera expiré, la faculté de nous presenter de nouveaux Officiers pour prendre de nous la confirmation de leur nomination: comme aussi d'accorder à ceux qui presteront ladite somme de vingt mille livres ou partie, un privilege & preference sur les droits & émolumens attribuez ausd. Maistres Jurez par led. Edit, Nous suppliant conformement à la déliberation prise en l'assemblée de ladite Communauté du 30 Avril dernier, de leur permettre de faire payer à l'avenir trente sols par boutique chacune des quatre Visites qui seront faites tous les ans par les Jurez, dont les deux tiers seront pour la bourse de ladite Communauté, & l'autre tiers pour les Jurez en Charge; ce qui viendra à six livres pour les quatre, sans qu'aucun des Maistres de ladite Communauté se puisse dispenser du payement dudit droit, sous quelque prétexte que ce soit, à l'exception seulement des anciens Maistres qui auront passé les Charges, lesquels ne payeront que vingt sols par Visite, revenant à quatre livres par an pour chacun ancien Maistre, lesquelles quatre livres entreront dans la bourse: & ordonnons que chaque Maistre de Chef-d'œuvre mettra dans ladite bourse la somme de deux cens livres, outre & pardessus les droits ordinaires & accoutumez; que chaque Apprentif payera dix liv. pour le droit d'enregistrement de Brevet, & quarante sols pour les Jurez; que pour chaque transport d'Apprentif il sera mis a la bourse la somme de douze livres; que chaque Alloüé payera pour une fois quinze livres, dont il y en aura douze livres pour la bourse, & trois livres pour les Jurez; Qu'il sera payé à ladite bourse par chacun Juré immediatement aprés son élection la somme de cent cinquante livres; Que chaque fils de Maistre venant à la Maistrise mettra dans ladite bourse la somme de vingt livres, outre les droits ordinaires; Qu'ils sera payé douze liv. pour le droit d'ouverture de boutique, & que les Jurez seront tenus de mettre tous les deniers de ladite bourse entre les mains du Receveur de la Communauté de trois mois en trois mois, à peine de dépossession; lequel Receveur rendra compte desdits deniers, aussi de trois mois en trois mois, à la Communauté; en sorte que les arrerages des rentes qui seront constituées au profit de ceux qui presteront leurs deniers à l'effet de la réunion desdits Offices, soient exactement payez, conformément aux Contrats qui leur en en feront passez, sans que lesdits deniers puissent estre empruntez ny divertis ailleurs, sous quelque prétexte que ce puisse estre, ny estre saisis par aucuns autres Créanciers. Et voulant favorablement traiter la Communauté desdits Maistres Paticiers, & luy donner des marques de nostre protection. A CES CAUSES, de l'avis de nostre Conseil, qui a veu la déliberation de ladite Communauté du 30. Avril dernier, & de nostre certaine science, pleine puissance & autorité Royale, Nous avons par ces Presentes signées de nostre main, uni & incorporé, unissons & incorporons à la Communauté desdits Maistres Paticiers Oublayers, les Offices de Jurez & Syndics de leur Communauté, créez par nostre Edit du mois de Mars dernier, en payant par eux suivant leurs offres au Receveur de nos Revenus Casuels en exercice, la somme de vingt mille livres en trois payemens égaux; le premier comptant, le second à la fin du present mois de May, & le dernier à la fin du mois de Juin prochain. Ce faisant voulons que lesdits Offices soient exercez en consequence des Provisions que nous ferons expedier à ceux qui seront nommez par ladite Communauté, pour tel temps qu'il sera par elle avisé, après l'expiration duquel pourra ladite Communauté nous presenter de nouveaux Officiers, afin d'obtenir de nous la confirmation de leur nomination, & continuer à l'avenir à toutes les mutations d'Officiers que voudra faire ladite Communauté. Et afin de donner à ceux qui presteront ladite somme de vingt mille livres, ou partie, la seureté qui nous est demandée, Voulons que dans la Quittance de Finance qui sera délivrée à ladite Communauté par le Receveur de nos Revenus Casuels, mention soit faite de ceux qui feront ledit prest, lesquels outre l'hypotheque qu'ils auront sur les biens & effets appartenans à ladite Communauté, auront un privilege sur les deniers qui proviendront des droits & émolumens attribuez par nostredit Edit. Ordonnons conformément à la déliberation de ladite Communauté du 30. Avril dernier, qu'il sera payé trente sols par boutique à chacune des quatre Visites qui seront faites tous les ans par les Jurez, dont les deux tiers seront pour la bourſe de la Communauté, & l'autre tiers pour les Jurez en Charge; ſans qu'aucuns Maiſtres de ladite Communauté ſe puiſſent diſpenſer du payement dudit droit, ſous quelque prétexte que ce ſoit, à l'exception ſeulement des anciens Maiſtres qui auront paſſé les Charges, leſquels ne payeront que vingt ſols par Viſite, revenant à quatre livres par an, leſquelles quatre livres entreront entierement dans la bourſe: Comme auſſi qu'il ſera mis deux cens livres dans la bourſe de ladite Communauté par chaque Maiſtre de Chef-d'œuvre, outre & pardeſſus leſdits droits ordinaires & accoutumez; qu'il ſera payé dix livres à ladite bourſe par chacun Apprentif pour le droit d'enregiſtrement du Brevet d'apprentiſſage, & quarante ſols pour les Jurez; que pour chaque tranſport d'Apprentif il ſera mis douze livres dans la bourſe; que chaque Alloüé payera quinze livres, dont il y en aura douze livres pour la bourſe, & trois livres pour les Jurez; Qu'il ſera payé par chacun Juré immediatement après ſon élection cent cinquante livres à la bourſe; vingt livres par chaque fils de Maiſtre venant à la Maiſtriſe, outre les droits ordinaires, & douze liv. pour le droit d'ouverture de boutique. Voulons que les Jurez ſeront tenus de remettre tous les deniers de ladite bourſe entre les mains du Receveur de la Communauté de trois mois en trois mois, à peine de dépoſſeſſion; & que ledit Receveur rende compte de ces deniers à ladite Communauté, auſſi de trois mois en trois mois; que les arrerages des rentes qui ſeront conſtituées au profit de ceux qui preſteront leurs deniers à l'effet de la réunion deſdits Offices à la Communauté, ſoient exactement payez, conformément aux Contrats qui leur en ſeront paſſez; & que le reſtant deſdits deniers ſoit employé à l'acquittement du principal deſdites rentes, ſans qu'ils puiſſent eſtre divertis ailleurs, ſous quelque prétexte que ce ſoit, ni ſaiſis par aucuns autres créanciers; leſquels droits nouveaux & d'augmentation eſtablis par ces Preſentes, ne ſeront levez & perçûs que juſques à l'actuel rembourſement de ladite ſomme de vingt mille livres, tant en principal qu'arrerages, après lequel il ne ſera payé que les meſmes droits qui ont eſté payez cy-devant pour les visites des Jurez, l'enregistrement des Brevets, Receptions & autres cy-dessus mentionnez, & ainsi qu'ils seront reglez par les Commissaires de nostre Conseil, qui seront à ce députez en execution de nostredit Edit du mois de Mars dernier. SI DONNONS EN MANDEMENT à nos amez & feaux Conseillers les Gens tenans nostre Cour de Parlement, que ces Presentes ils ayent à faire lire, publier & registrer, & du contenu en icelles faire joüir & user les Jurez & Communauté des Maistres Paticiers Oublayers de nostre bonne Ville & Fauxbourgs de Paris, selon leur forme & teneur; CAR tel est nostre plaisir: En témoin de ce Nous avons fait mettre nostre Scel à cesdites Presentes. DONNÉ à Versailles le 15 May 1691. & de nostre Regne le quarante-huitiéme. Signé, LOUIS; Et plus bas, Par le Roy, PHELYPEAUX. Visa, BOUCHERAT. Et scellé.

*Registrées, oüy & ce requerant le Procureur General du Roy, pour estre executées selon leur forme & teneur, & copie collationnée envoyée au Siege du Chastelet de Paris, pour y estre lüe, publiée & registrée. Enjoint au Substitut du Procureur General audit Chastelet d'y tenir la main, & d'en certifier la Cour dans huitaine, suivant l'Arrest de ce jour. A Paris en Parlement le 21 May 1691. Signé, DU TILLET.*

## ARREST DU CONSEIL D'ESTAT,

Du 25 Septembre 1696.

*Rendu sur la Requeste presentée au Roy par les Jurez, Corps & Communauté des Maistres Paticiers Oublayers à Paris, au sujet de la réunion à leur Communauté des Offices d'Auditeurs Examinateurs des Comptes d'icelle Communauté, créez par Edit du mois de Mars 1694. Il en a esté extrait ce qui ensuit.*

LE Roy en son Conseil a ordonné & ordonne, qu'en payant par la Communauté des Maistres Paticiers à Paris la somme de onze mille six cens livres restant de celle de seize mille livres pour la finance des Offices d'Auditeurs Examinateurs des Comptes, créez par l'Edit du mois de Mars 1694. & de celle de seize cens livres pour les deux sols pour livre de ladite finance ; sçavoir moitié comptant, & l'autre moitié faisant l'entier & parfait payement dans le mois de Novembre prochain : lesdits Offices seront & demeureront toujours réunis & incorporez à ladite Communauté, sans qu'il soit besoin de prendre aucunes Lettres de Provisions, dont Sa Majesté a relevé & dispensé les Supplians. Ce faisant, la Communauté joüira suivant l'Arrest du 4. du present mois, des trois cens soixante livres de gages effectifs attribuez ausdits Offices & du droit Royal, à commencer depuis l'Edit du mois de Mars 1694. tel qu'il a esté estably par celuy du mois de Mars 1691. Les Maistres qui ont presté & presteront leurs deniers pour la finance desdits Offices auront hypotheque & privilege special sur lesdits Offices, Gages, Droit Royal y attribuez, & les interests desdites sommes leur seront payez à raison du denier vingt, du jour des reçûs qui leur en auront esté donnez par les Jurez. Et pour asseurer davantage le payement desdits interests, mesme le remboursement des sommes principales : Le droit de visite sera augmenté de quarante sols par chacun an pour chaque Maistre : Le droit d'ouverture de Boutique augmenté jusqu'à vingt livres au lieu de douze : Sera payé pour chaque transport de Brevet, & pour chaque Alloüé dix-huit liv. au lieu de quinze & de douze, & ce huit jours après la passation desdits Actes ; & seront tous les Brevets signez au moins de deux Jurez, & enregistrez sur le Livre de la Communauté, à peine de nullité, cinquante livres d'amende contre le Maistre, & de tous les dépens, dommages & interests de l'Apprentif, & ne pourront lesdits Maistres garder chez eux un Apprentif plus d'un mois sans estre obligé. Pour la perception d'un Maistre de Chef-d'œuvre il sera payé par l'Aspirant au profit de la Communauté trois cens livres, y compris le Droit Royal au lieu de deux cens livres qui se payoient cy-devant : Et pour la reception d'un fils de Maistre quarante livres, y compris aussi le Droit Royal. Permet Sa Majesté à la Communauté de recevoir quatre Maistres sans qualité ; à la charge que chacun desdits Maistres payera quatre cens livres au profit de ladite Communauté ;

Et pareillement de donner à six jeunes Maistres le rang & tous les droits & prérogatives d'Anciens, en payant par chacun d'eux la somme de trois cens livres. Permet en outre aux Jurez qui seront élûs à l'avenir d'exercer leurs fonctions en vertu des commissions qui leur seront délivrées par le Procureur de Sa Majesté au Chastelet de Paris, sans être obligez de prendre des Lettres de Provision ou Nomination dont Sa Majesté les a relevez & dispensez: Dérogeant pour cet égard seulement à l'Edit du mois de Mars 1691. & à la Déclaration du quinziéme jour de May ensuivant. Veut que les deniers provenans des nouvelles augmentations de droits soient pareillement affectez & hypothequez aux payemens des principaux & interests des sommes prestées pour la finance desdits Offices d'Auditeurs Examinateurs des Comptes, & qu'ils soient receus par les Jurez, qui seront tenus de les remettre entre les mains du Receveur, pour estre par luy employez au payement des interests desdites sommes: Lequel sera tenu rendre compte de ce qu'il aura receu & payé, conformement ausdits Edit & Déclaration de Sa Majesté, en presence du Procureur du Roy du Chastelet. Et après tous les interests payez, s'il reste quelques deniers entre ses mains, ils seront employez au remboursement de quelque partie des principaux, sans pouvoir l'estre à aucunes autres dépenses, sous quelque prétexte que ce soit, à peine par ledit Receveur d'en répondre en son nom: Et seront au surplus les Statuts du Mestier, Arrests & Reglemens de Police sur ce intervenus executez selon leur forme & teneur, sous les peines portées par iceux: Et pour l'execution du present Arrest toutes Lettres necessaires seront expediées. Fait au Conseil d'Estat du Roy, tenu à Marly le vingt-cinquiéme jour de Septembre mil six cens quatre-vingt-seize. Collationné. Signé, RANCHIN.

# LETTRES PATENTES,

Données à Versailles le 28 Juin 1707.

*Portant réunion de l'Office de Contrôlleur-Visiteur des Poids & Mesures, & celui de Greffier des Enregistremens des Brevets d'Apprentissage, Lettres de Maistrises & autres Actes, à la Communauté des Maistres & Jurez Patissiers de la Ville & Fauxbourgs de Paris.*

Registrées en Parlement le 2 Decembre 1707.

LOUIS par la grace de Dieu, Roy de France & de Navarre: A tous ceux qui ces presentes Lettres verront, Salut. Charles Noblet, Jean Minet, Jacques Cousin & Joachim Granger, Pierre Barré Receveur & Ancien, & autres Jurez actuellement en charge, Anciens & Maistres de la Communauté des Maistres Patissiers de notre bonne Ville, Fauxbourgs & Banlieue de Paris, Nous ont très-humblement fait remontrer, qu'ayant par notre Edit du mois de Janvier 1704. créé des Offices de Contrôlleurs-Visiteurs des Poids & Mesures dans les Corps des Marchands, Communautez & Professions d'Arts & Métiers; & par autre notre Edit du mois d'Aoust de la même année, des Greffiers pour insinuer & registrer les Brevets d'Apprentissage, Lettres de Maistrise, les Elections des Syndics & Jurez, & tous autres Actes concernant la police & discipline des mêmes Corps & Communautez, ils ont un notable interest que les fonctions desdits Offices en ce qui concerne leur Communauté, ne soient exercées que par des gens de probité & d'experience dans leur Commerce, pour éviter les procès & autres inconveniens qui pourroient arriver, personne n'estant d'ailleurs en estat de remplir lesdites fonctions plus dignement & avec plus d'exactitude que les Jurez de ladite Communauté; joint que si nous voulions bien leur accorder quelque moderation de la finance, tant pour le rachat du droit de trois livres que chacun d'eux est tenu de payer annuellement pour la redevance des Poids & Mesures, que des Droits attribuez audit Office de Greffier, conformément à nos Edits de Création, Tarif arresté en notre Conseil le 15 Janvier 1704. & notre Déclaration du 10 Février 1705. il est plus juste que les pauvres de leur Communauté en profitent que des étrangers; pour raison de quoy & attendu que par l'Arrest de notre Conseil du 28 Octobre 1704. & par notre Déclaration du 19 May 1705. Nous avons réüni ausdits Corps & Communauté lesdites fonctions & droits, lesdits Jurez, Anciens & Maistres de ladite Communauté qui n'ont pû jusqu'à present profiter de cette grace, ne se trouvant pas en estat de payer en entier les sommes que Nous demandons pour la finance desdits Offices, Nous auroient très-humblement fait supplier de Nous contenter pour la réünion d'iceux à leur Communauté, à commencer du premier Janvier 1706. de la somme de vingt mille livres, & de celle de deux mille livres pour les deux sols pour livre d'icelle; laquelle proposition & offre Nous avons bien voulu accepter, & en consequence Nous avons ordonné par l'Arrest de notre Conseil du 27 Juillet 1706. qu'en payant par eux lesdites sommes dans certain temps, lesdits Offices demeureroient unis & incorporez à leur Communauté, avec les droits y attribuez, & de sept cens cinquante livres de gages actuels & effectifs par chacun an, dont le fonds sera employé dans les estats de nos finances de la Generalité de Paris, à commencer dudit jour premier Janvier 1706. pour en joüir conformément à leur soumission du 11 Juin audit an; & pour les mettre en estat d'y satisfaire, qu'il Nous plust leur permettre d'emprunter non seulement ladite somme de vingt mille livres & les deux sols pour livre, mais encore celle de mille livres pour les aider à supporter les frais qu'il conviendra faire au sujet de l'emprunt & recouvrement desdites sommes; Et pareillement attendu qu'ils ne sont pas assurez de les trouver à emprunter dans le public, leur permettre de les imposer en tout ou partie sur les Maistres & Veuves qui composent ladite Communauté, même sur ceux & celles qui ont fait signifier leur renonciation à la Maistrise depuis le mois de Mars 1691. suivant l'estat de repartition qui en sera arresté par le Sieur d'Argenson Maistre des Requestes ordinaire de notre Hostel, Lieutenant

General de Police de notredite Ville & Fauxbourgs, dont il est juste aussi que les interests soient payez à chacun d'eux du jour qu'ils auront achevé de payer leur cotte-part en entier; d'ailleurs jugeant necessaire de pourvoir à ce que les arrerages des sommes qu'ils emprunteront du public, ou qu'ils leveront par répartition soient exactement payez, & même qu'il puisse y avoir de temps à autre du revenant bon, pour l'employer à l'extinction du principal; ce qui ne se peut qu'en imposant quelques droits nouveaux sur les Visites & sur les Receptions, & en prescrivant des Reglemens qui les maintiennent dans une exacte discipline, & empêchent les abus qui détruisent ordinairement les Communautez les mieux établies, ils ont pris entre eux sous notre bon plaisir une Déliberation, contenant quelques dispositions qu'ils desireroient qu'il Nous plût autoriser: Et voulant favorablement traiter ladite Communauté des Maistres Patissiers, leur donner des marques de la satisfaction que Nous avons de leur obeïssance, & leur faire ressentir les effets de notre protection. A CES CAUSES & autres à ce Nous mouvans, après avoir fait examiner en notre Conseil la Déliberation desdits Maistres Patissiers & ledit Arrest du 27 Juillet 1706. de notre certaine science, pleine puissance & autorité Royale, Nous avons par ces Presentes signées de notre main dit, statué & ordonné, disons, statuons & ordonnons, Voulons & Nous plaist, qu'en payant par les Jurez, Anciens & Maistres de ladite Communauté à Me Elie Biest & Nicolas Cartier chargez du recouvrement de la finance qui doit provenir de l'execution de nos Edits desdits mois de Janvier & Aoust 1704. la somme de vingt mille livres & celle de deux mille livres pour les deux sols pour livre dans les termes portez par ledit Arrest de notre Conseil dudit jour vingt-sept Juillet 1706. attaché sous notre contrescel; sçavoir le principal sur les recepissez desdits Biest & Cartier, leurs Procureurs ou Commis, portant promesse de fournir la Quittance du Trésorier de nos Revenus Casuels, & les deux sols pour livre d'icelle sur leur simple quittance, l'Office de Controlleur-Visiteur des Poids & Mesures, & celui de Greffier des Enregistremens des

des Brevets d'Apprentissage, Lettres de Maistrises & autres Actes en ce qui concerne ladite Communauté, ensemble les fonctions & droits y attribuez, demeureront réünis & appartiendront à ladite Communauté, conformément à la soumission dudit jour onze Juin 1706. aux gages actuels & effectifs par chacun an, de sept cens cinquante livres, dont le fonds sera employé dans les états de nos Finances de ladite Generalité, à commencer du premier Janvier audit an, pour en joüir suivant ladite soumission. Permettons à ladite Communauté pour faciliter le payement desdites sommes, d'en emprunter les deniers en tout ou en partie, comme aussi celle de mille livres pour les aider à supporter les frais necessaires au sujet de l'emprunt & recouvrement desdites sommes : Voulons que ceux qui les presteront ayent hypotheque sur tous les biens & effets de ladite Communauté, & specialement sur lesdits droits & gages qui y demeureront affectez & hypothequez. Permettons en outre ausdits Jurez d'imposer, si besoin est, lesdites sommes en tout ou partie sur les Maistres & Veuves de ladite Communauté, même sur ceux & celles qui ont fait signifier leur renonciation à la Maistrise depuis le mois de Mars 1691. & à cet effet de faire un Estat de repartition de ce que chacun d'eux devra fournir, lequel Estat sera arresté par ledit Sieur d'Argenson, & les dénommez en iceluy contraints comme pour nos propres deniers & affaires, à condition que lesdits Maistres & Veuves seront payez des interests desdites sommes par ladite Communauté sur le pied du denier vingt, lesquels néanmoins ne commenceront à courir à l'égard de chacun d'eux que du jour qu'ils auront achevé de payer leur cotte-part en entier & ils seront payez desdits interests jusqu'à leur actuel remboursement ; à la charge que lesdits Jurez rendront compte toutes fois & quantes desdites sommes, ainsi qu'il est accoutumé ; Et pour donner moyen à ladite Communauté de payer non seulement lesdits arrerages annuellement, mais encore d'acquitter de temps à autre quelque chose sur le principal, en sorte qu'elle soit liberée le plus promptement qu'il sera possible, comme aussi pour mainte-

E

nir la discipline qui doit estre entre eux, & empêcher les entreprises qui se font sur leur Profession, Nous avons par ces mémes Presentes dit, statué & ordonné, disons, statuons & ordonnons, voulons & Nous plaist ce qui suit.

ARTICLE PREMIER.

Il sera payé par chacun Aspirant à la Maistrise par Chef-d'œuvre, au lieu de la somme de trois cens livres portée par l'Arrest de notre Conseil du 25 Septembre 1696. celle de quatre cens liv. & par chacun fils de Maistre, au lieu de quarante liv. suivant ledit Arrest, celle de cinquante liv. lesquelles sommes seront en entier au profit de ladite Communauté. Voulons que lors desdites Receptions les Jurez soient tenus de mander les Anciens en la maniere ordinaire, à chacun desquels il ne sera payé par l'Aspirant à la Maistrise par Chef-d'œuvre que quarante sols & deux Jettons de douze sols chacun, & à chacun des six Modernes & six Jeunes qu'ils manderont suivant l'ordre du Tableau, vingt sols seulement, & à chacun des quatre Jurez & au Meneur six livres & quatre Jettons de pareille valeur; Et à l'égard des fils de Maistres il sera payé à chacun desdits Jurez demi droit de ce qui se paye par chacun Aspirant à la Maistrise par Chef-d'œuvre, & à chacun des Anciens un Jetton seulement, sans qu'il soit besoin de mander aucun Moderne ny Jeune. Deffendons aux uns & aux autres de percevoir plus grands droits, à peine de concussion.

II.

Il sera payé pour chaque Brevet d'Apprentissage, au lieu de la somme de douze livres qui se payoit suivant notre Déclaration du 15 May 1691. celle de quinze livres, dont quarante sols au profit desdits Jurez, conformément à ladite Déclaration; & pour chaque transport de Brevet, au lieu de dix-huit livres, il sera payé la somme de vingt livres, dont il y aura trois livres pour lesdits Jurez, ainsi qu'il est accoutumé; & seront lesdits Maistres de ladite Communauté tenus de faire enregistrer sur le Registre dudit Bureau les Brevets & Transports de leurs Apprentifs au plus tard un mois après la passation d'iceux pardevant le Notaire de la Communauté, à peine de ſeixante livres au profit de ladite Communauté; laquelle ſomme ſera employée à acquitter partie des principaux des rentes par elle dûës; à l'effet de quoy ſeront auſſi tenus les Jurez de ſe trouver audit Bureau tous les premiers Vendredis de chaque mois depuis deux heures après midi juſqu'à ſix heures du ſoir, à peine de quarante ſols par chaque abſence, s'il eſt ainſi ordonné.

III.

Les enfans nés avant la Maiſtriſe de leurs peres, ne ſeront tenus de payer pour leur Reception à la Maiſtriſe que les trois quarts de ce qu'il en coute aux Aſpirans par Chef-d'œuvre.

IV.

Il ſera payé pour chaque ouverture de Boutique, au lieu de vingt liv. portées par ledit Arrêt dudit jour 25 Septembre 1696. celle de trente livres, dont il appartiendra trois livres auſdits Jurez; Leur deffendons pareillement de percevoir de plus grands droits, à peine de concuſſion.

V.

Les Anciens ſeront mandez pour l'élection des Jurez en la maniere accoutumée, enſemble douze Modernes & douze Jeunes, & il ne ſera diſtribué par chacun des deux Jurez élus que quatre Jettons de douze ſols piece à chacun des Anciens, & un Jetton ſeulement à chacun deſdits Modernes & Jeunes; Leur deffendons auſſi de percevoir plus gros droits, ſous prétexte de repas ny autrement, à peine de concuſſion.

VI.

Deffendons à tous Maiſtres & Veuves de ladite Communauté de preſter leurs noms à aucuns Compagnons, à peine de pareille ſomme de ſoixante livres, applicable comme deſſus, pour la premiere fois, & d'interdiction de leur Maiſtriſe en cas de recidive, & à tous particuliers d'entreprendre ſur la Profeſſion des Maiſtres de ladite Communauté, à peine de trois cens livres d'amende envers le Roy, cent livres au profit de ladite Communauté, & cent livres au dénonciateur, & de confiſcation de la marchandiſe & uſtenciles ſervans à ladite Profeſſion.

VII.

Permettons aux Jurez de ladite Communauté de recevoir deux Maistres sans qualité par chacun an, en payant chacun la somme de six cens livres, outre les droits desdits Jurez, Anciens, Modernes & Jeunes, & ce seulement jusqu'à ce que ladite Communauté soit acquittée des dettes par elle contractées en execution de nosdits Edits; après le remboursement desquelles dettes, voulons qu'il ne soit payé d'autres droits que ceux par Nous établis avant notre Edit du mois de Mars 1691. ny reçû aucun Maistre sans qualité, pour quelque cause & occasion que ce soit.

VIII.

Voulons que conformément aux Reglemens des Arts & Métiers, il soit loisible à tous Maistres de ladite Communauté de s'établir dans quelques Villes, Bourgs & lieux que bon leur semblera de notre Royaume, pour y exercer librement leur Profession; & notamment dans les Villes de Lyon, Rouen, Caën, Bourdeaux, Tours & Orleans, en justifiant par lesdits Maistres de leur reception à la Maistrise dans notredite Ville de Paris.

IX.

Et d'autant qu'il est du bien public que la Police de notre bonne Ville de Paris & des Fauxbourgs soit uniforme & observée également, permetrons aux Jurez de ladite Communauté de faire leurs visites dans les maisons des Patissiers du Fauxbourg S. Antoine, dans le Temple, dans l'Abbaye de Saint Germain des Prez, dans l'Enclos de S. Jean de Latran, de S. Denis de la Chartre, dans les Colleges, rue de Lourcine & autres rues adjacentes, & autres lieux privilegiez ou prétendus tels de notredite Ville & Fauxbourgs, comme aussi dans les maisons de ceux qui exercent ladite Profession à titre de Privilege du Prevost de notre Hostel ou autrement, en vertu de permission du Lieutenant General de Police; & en cas qu'ils y trouvent des contraventions aux Reglemens de Police, ils se pourvoiront pardevant ledit Lieutenant General de Police, en quelques lieux qu'elles ayent été faites; sans néanmoins que lesdits Jurez puissent prétendre aucuns droits de visite desdits Patissiers à titre de Privilege, ni de ceux qui exercent ladite Profession dans les lieux privilegiez, à moins qu'ils ne soient aussi Maistres de ladite Communauté.

ARTICLE X. ET DERNIER.

Voulons au surplus que les Statuts, Articles & Ordonnances de ladite Communauté, ensemble les Déclarations, Arrests & Reglemens rendus en consequence en faveur d'icelle, soient executez selon leur forme & teneur. SI DONNONS EN MANDEMENT à nos amez & feaux Conseillers les Gens tenans nostre Cour de Parlement, que ces Presentes ils fassent lire, publier & registrer, & du contenu en icelles faire joüir & user les Jurez actuellement en charge, Anciens & Maistres de la Communauté des Maistres Patissiers de notre bonne Ville, Fauxbourgs & Banlieuë de Paris, selon leur forme & teneur : CAR tel est nostre plaisir. En temoin de quoy Nous avons fait mettre notre Scel à cesdites Presentes. DONNE' à Versailles le vingt-huitiéme jour de Juin l'an de grace mil sept cens sept, & de notre Regne le soixante-cinquiéme. Signé, LOUIS; Et plus bas, Par le Roy, PHELYPEAUX. Veu au Conseil, CHAMILLART.

*Registrées, oüy & ce requerant le Procureur General du Roy, pour joüir par ladite Communauté de leur effet & contenu, & estre executées selon leur forme & teneur, suivant & aux charges portées par l'Arrest de ce jour. A Paris en Parlement le 2. Decembre 1707. Signé, DU TILLET.*

## SENTENCE DE POLICE,

*Portant Reglement entre les Officiers Courtiers-Visiteurs, les Chaircuitiers; & qui permet aux Patissiers de saler du Lard.*

Du quatorze Juin 1697.

A Tous ceux qui ces presentes Lettres verront, Charles-Denis de Bullion, Chevalier, Conseiller du Roy en ses Conseils, Prevost de Paris, Salut. Sçavoir faisons, que sur la Requeste faite en Jugement devant Nous en la Chambre de Police du Chaftelet de Paris par Me Jean-Baptiste Bonnin, Procureur des Officiers Courtiers-Visiteurs des Chairs de Porcs, Lards & Graisses qui se débitent en la Ville & Fauxbourgs de Paris, Demandeurs en Requeste à Nous presentée le 6 May dernier, & aux fins de l'Exploit fait en vertu de l'Ordonnance estant au bas d'icelle par Prevost Huissier, le 8 dud. mois de May, presenté le 15, lad. Requète tendante à ce que deffenses fussent faites aux Jurez de la Communauté des Maistres Chaircuitiers d'empécher toutes sortes de personnes sans distinction, soit Patissiers, Cuisiniers, Rotisseurs & autres, d'acheter aux Halles de cette Ville les Mercredis & Samedis les Chairs de Porcs, Lards & Graisses dont ils auront besoin ; à la charge qu'ils n'en feront aucun débit qui puisse donner atteinte ny préjudicier aux Statuts & Privileges desdits Chaircuitiers, lesquels au surplus seront tenus fournir les quarante places de Halles, ainsi qu'il est porté par les Reglemens, & les condamner aux dépens ; Et encore lesdits Officiers Visiteurs Deffendeurs à la Requeste verbale d'intervention des Jurez Patissiers du 9 dudit mois de May, par laquelle ils auroient demandé d'estre reçus opposans aux Sentences contre eux surprises par les Jurez Chaircuitiers au principal, que deffenses seront faites aux Jurez Chaircuitiers de faire aucune visite en leurs boutiques des Lards qu'ils ont pour leur provision & usage, le tout avec dépens contre Me Hubert, Procureur des Jurez de la Communauté des Maistres Chaircuitiers à Paris, Deffendeurs ; Et encore contre Me Roger, Procureur des Jurez de la Communauté des Maistres Patissiers intervenans ; Parties oüies en leurs Plaidoyez & Remontrances, & après que sur leurs dossiers produits il a esté déliberé, Nous ayant égard à la demande desdits Officiers-Visiteurs contre les Chaircuitiers : DISONS que les Arrests & Reglemens de Police seront executez, & conformement à iceux lesdits Chaircuitiers tenus de fournir les quarante places de la Halle, ainsi qu'ils y sont obligez : Et en ce qui regarde la demande & intervention des Jurez Patissiers contre lesdits Chaircuitiers, Avons les Sentences de Police du 26 Avril dernier, renduës contre le nommé Claude Guerin, la veuve Jean le Comte & Jean Blanchard, Patissiers, déclarées & icelles déclarons communes avec lesdits Jurez Patissiers; & conformément à icelles faisons deffenses aux Patissiers d'étaler ny vendre aucuns Jambons & Lards en leurs boutiques; & néanmoins ayant aucunement égard à l'opposition formée par lesdits Jurez Patissiers, avons permis ausdits Patissiers d'acheter du Lard frais à la Halle en la maniere accoutumée, pour le saler & assaisonner à leur maniere, & l'employer aux pieces de Patisserie, & à la necessité de leur Mestier seulement, tous dépens compensez; ce qui sera executé sans préjudice de l'appel. En témoin de ce Nous avons fait sceller ces Presentes, faites & données par Messire Marc-René le Voyer-d'Argenson, Conseiller du Roy en ses Conseils, Lieutenant General de Police, tenant le Siege le Vendredy quatorze Juin mil six cens quatre-vingt-dix-sept. Collationné. Signé, LE MÉ'E, avec paraphe. Et à costé est écrit: Déliberé, BONIN. CHAILLOU, Greffier. Et controllé, avec paraphe.

## SENTENCE DE M. LE LIEUTENANT CIVIL,

*Qui fait defenses aux Compagnons & Apprentifs Patissiers de la Ville & Fauxbourgs de Paris, de porter & crier des Oublies par ladite Ville & Fauxbourgs, s'ils ne sont demeurans & residans chez leurs Maitres & avouez d'eux, ou permission de Jurez, pour quelque cause légitime: Leur fait pareillement deffenses de débaucher aucuns Serviteurs ou Apprentifs de chez lesdits Maistres; le tout à peine de prison & de punition exemplaire.*

Rendue le vingt quatre Septembre 1618.

A Tous ceux qui ces presentes Lettres verront, Louis Seguier, Chevalier Baron de Saint Brisson, Seigneur des Ruaux & de Saint-Firmin, Conseiller du Roy, Gentilhomme ordinaire de sa Chambre, & Garde de la Prevosté de Paris, Salut. Sçavoir faisons, Que veu la Requeste à nous presentée & baillée par écrit par Olivier de la Porte, Jean Generard, Isaac Soupirs, & Charles de Saint-Gion, Maistres Jurez & Gardes du Métier de Patissier-Oublier en cette Ville de Paris; Disans que plainte leur a esté cy-devant faite par la plus grande & saine partie des Maistres dudit Métier, du desordre, mauvais service & debauches que font journellement les Compagnons & Apprentifs de cette Ville & Fauxbourgs, dont ils reçoivent grande incommodité, n'estant servis comme ils sont tenus de ce faire, dautant qu'on leur permet de porter & crier des Oublies tant par la Ville & Fauxbourgs, & par ce moyen quittent & abandonnent leurs Maistres, se débauchant ordinairement de leurs Boutiques pour se retirer en des chambres & y vivre en leur liberté, tellement que les Maistres sont le plus souvent sans Serviteurs & Compagnons, lesquels Compagnons font des Oublies en des Chambres où ils sont, pour les porter & crier au temps qu'il est permis ausdits Maistres icelles faire porter, qui est depuis le jour S. Remy jusques au jour de Caresme-prenant, commençant à sept heures & demie, & achevant à neuf heures du soir; pendant lequel temps & sous couleur d'estre Compagnons ne se contentent pas d'estre débauchez, mais débauchent encore les Apprentifs des Maistres, les tirant avec eux aux Academies qu'ils tiennent nuitamment aux jeux de dez & cartes, qui est le sujet que les Compagnons joüent leur argent qu'ils peuvent avoir gagné, ou celuy de leur Maistre: & aprés que le temps de crier des Oublies est passé, lesdits Compagnons quittent Paris & lesdits Maistres pour s'en aller travailler aux Festes, Foires & Villages circonvoisins; partant lesdits Maistres en reçoivent grande incommodité, ne pouvant servir le Public faute de Compagnons; Requerant qu'il Nous plust ordonner deffenses estre faites ausdits Compagnons & Apprentifs de cette Ville & Fauxbourgs, s'ils ne sont demeurans & residans aux logis desdits Maistres, & avoüez d'eux, ou permission des Jurez pour quelque cause légitime; & iceux trouvez joüans & portans Oublies, n'estant point avoüez ne garnis de permission desdits Jurez, ny demeurans au logis d'un Maistre, les faire emprisonner les trouvant joüans; & enjoint aux Compagnons qui seront hors du lo-

gis

gis de leurs Maiſtres après vingt-quatre heures ou plûtoſt, de s'adreſſer pardevers leſdits Jurez, leſquels Jurez bailleront un Billet audit Compagnon pour porter iceluy au Clerc dudit Métier, en rapportant certificat du Maiſtre dud. Compagnon comme il aura achevé le temps qu'il ſe ſera loué audit Maiſtre ; & à faute que ledit Compagnon n'aura achevé ledit temps, payera la dépenſe par luy faite au logis dudit Maiſtre pendant ledit ſervice ; & à faute que les Compagnons ne vouluſſent prendre le Maiſtre que ledit Clerc leur preſentera dans trois jours, les trouvant vagans par la Ville, ſeront tenus de ſortir & vuider ladite Ville & Fauxbourgs, & les empriſonner : Comme auſſi le Clerc dudit Métier ſera tenu faire ſes diligences pendant led. temps, à peine de démiſſion de ſa Charge & d'amende ; avec deffenſes auſſi à tous les Maiſtres & Compagnons ne tenans boutiques, de débaucher aucun Serviteur ny Apprentif qui ſeront chez leſdits Maiſtres, ny les retirer ny embaucher, à peine de punition exemplaire & d'amende ; & deffenſes à tous Compagnons de travailler à journée, s'ils ne ſont Maiſtres, mariez & en chambre, & non autrement, à peine de priſon & d'amende ; & que le preſent Reglement qui ſera par Nous fait ſoit lû & publié à ſon de trompe & cry public ès lieux accoutumez, à ce que leſdits Maiſtres & Compagnons n'en prétendent cauſe d'ignorance. NOUS, faiſant droit ſur laquelle Requeſte, oüy ſur ce le Procureur du Roy en ſes Concluſions, avons fait & faiſons deffenſes auſdits Compagnons & Apprentifs de cette Ville & Fauxbourgs, de ne porter & crier aucunes Oublies par ladite Ville & Fauxbourgs, s'ils ne ſont demeurans & réſidans aux logis deſdits Maiſtres & avoüez d'eux, ou permiſſion des Jurez pour quelque cauſe légitime ; & iceux trouvez joüans & portans Oublies, n'eſtant point avoüez ny garnis de permiſſion deſdits Jurez, ny demeurans au logis d'un Maiſtre, les faire empriſonner les trouvant joüans ; & enjoint aux Compagnons qui ſeront hors du logis de leurs Maiſtres, après vingt-quatre heures, ou pluſtoſt, de s'adreſſer pardevers leſdits Jurez, leſquels Jurez bailleront un billet audit Compagnon pour porter iceluy au Clerc dudit Métier, en rapportant certificat du Maiſtre dudit Compagnon comme il aura achevé le temps qu'il se sera loüé audit Maistre ; & à faute que ledit Compagnon n'aura parachevé ledit temps, payera la dépense par luy faite au logis dudit Maistre pendant ledit service ; Et à faute que lesdits Compagnons ne voulussent prendre le Maistre que ledit Clerc leur presentera dans trois jours, les trouvans vagans par la Ville seront tenus de sortir & vuider ladite Ville & Fauxbourgs, & les emprisonner ; comme aussi le Clerc dudit Métier sera tenu faire ses diligences pendant ledit temps, à peine de démission de sa Charge & d'amende ; Avec deffenses aussi à tous les Maistres & Compagnons ne tenans boutiques, de débaucher aucun Serviteur & Apprentif qui seront chez des Maistres, ny les retirer ny embaucher, à peine de punition exemplaire & d'amende : Et deffenses à tous Compagnons de travailler à journée s'ils ne sont Maistres, mariez & en chambre, & non autrement, à peine de prison & d'amende. Et sera le present Jugement lû & publié à son de trompe & cry public ès lieux accoutumez, à ce que lesdits Maistres & Compagnons n'en prétendent cause d'ignorance. En témoin de ce Nous avons fait mettre à ces Presentes le Scel de la Prevosté de Paris. Ce fut fait par Messire Henry de Mesmes, Seigneur d'Yrval, Conseiller du Roy en ses Conseils d'Estat & Privé, Prevost des Marchands, & Lieutenant Civil de la Ville, Prevosté & Vicomté de Paris, le Lundy vingt-quatriéme jour de Septembre mil six cens dix-huit. Collationné. Signé Drouart.

*La presente Sentence a esté publiée & signifiée le Samedy vingt-neuviéme jour dudit mois de Septembre 1618.*

## SENTENCE DE M. LE LIEUTENANT DE POLICE,

*Qui condamne Philippe Thevenin, Maistre Patissier à Paris, de sortir de la maison où il est demeurant, luy, sa famille & biens, au terme de la Saint Jean prochain ; & le condamne aux dépens.*

Du trente-un May 1701.

A Tous ceux qui ces presentes Lettres verront, Charles-Denis de Bullion, Marquis de Gallardon, Conseiller du

Roy en ses Conseils, Garde de la Prevosté de Paris, Salut. Sçavoir faisons, que sur la Requeste faite en Jugement devant Nous en la Chambre de Police du Chastelet de Paris, par Me Antoine Pigeon, Procureur de Louis Pernet, Maistre Patissier à Paris, & Juré de present en charge de sa Communauté, Demandeur suivant la plainte par luy renduë au Commissaire Gazon le 9 May present mois, & Exploit fait en consequence de son Ordonnance le 14 dudit mois, par Boudereau Huissier en cette Cour, controllé à Paris le 15 par Caurier, presenté le 20; à ce que le Défendeur soit tenu de répondre au contenu de ladite plainte; & encore Demandeur suivant la Requeste verbale signifiée par Cartaut Huissier Audiencier en cette Cour, le 20 dudit mois, tendante à ce que le cy-aprés nommé soit tenu de vuider de la maison, luy & sa famille, qu'il a loüée contre ledit Pernet, faire abatre son four, & deffenses d'attirer les pratiques dudit Pernet; & pour l'avoir fait, condamné en l'amende, dommages, interests & dépens. Et le Deffendeur Demandeur suivant sesdites deffenses signifiées le 23 dudit mois, à ce qu'il soit déchargé de ladite demande, avec dépens; ledit Pernet assisté de Me Pillon son Avocat. Et encore ledit Pigeon Procureur de Michel Pigeon, Gratien Charton & Pierre Huart, Jurez en charge; & Pierre Barré, Claude Georgemay, Jean Boudet, Nicolas Fremont, Charles Marie, Pierre Dubourg, Jacques Berthonnet, Martin Pol, Pierre Boudin, André Nicolle, Jacques Demeaux, Michel Chantreau, Claude Vignon, Pierre Jolly, Jean Sollot, Charles Devoulges, Henry Jullien, André-Philbert Vidron, Claude Thierry, & Pierre Riquet, Maistres, anciens, modernes & jeunes Maistres Patissiers à Paris, Demandeurs suivant leur Requeste verbale d'intervention, signifiée à leur requeste par Marescot, Huissier-Audiencier en cette Cour, le 30 dudit mois de May, tendante à ce qu'il soit tenu de vuider de ladite maison, & aller faire sa demeure en un autre quartier, avec dépens, assisté aussi de Me Quillet leur Avocat, contre Me Lheritier le jeune, Procureur de Philippes Thevenin, Maistre Patissier à Paris, Deffendeur à ladite plainte ; Exploit & Requeste susdatté, & Demandeur suivant lesdites dessenses, assisté de Me Porchon son Avocat; parties oüies, lecture faite desdites Pieces, Statuts & Reglemens de ladite Communauté, de nos Sentences & Arrests rendus en pareils cas, & autres Pieces ; Nous faisant droit sur les demandes des Parties de Pillon & Quillet pour les Intervenans, sans s'arrester à la demande incidente de la Partie de Porchon, dont elle est déboutée, & faisant droit sur la demande dudit Pernet, & intervention des Jurez & Anciens, condamnons la Partie de Porchon de sortir de la maison où il est demeurant, luy, sa famille & biens, au terme de la Saint Jean prochain, & ledit Thevenin condamné aux dépens envers les Parties de Pillon & Quillet, pour tous dommages & interests, que Nous avons liquidez à huit livres ; ce qui sera executé sans préjudice de l'appel. En témoin de ce Nous avons fait sceller ces Presentes, qui furent faites & données par Messire Marc-René de Voyer de Paulmy d'Argenson, Chevalier, Conseiller du Roy, Lieutenant General de Police, tenant le Siege le Mardy trente-uniéme May mil sept cens un. Collationné. Signé, Tardiveau. Scellé le 4 Juin 1701. Signé, Tardiveau.

*Signifié & baillé copie à Maistre Lheritier le jeune, à domicile, le 4 Juin 1701.* Signé, Deprime.

## ARREST DE LA COUR DE PARLEMENT,

Du treiziéme Juillet 1701.

*Qui confirme la Sentence rendue par M. le Lieutenant General de Police, le 31 May 1701. en faveur de Louis Pernet Maistre Patissier à Paris, & l'un des Jurez en Charge, contre Philippes Thevenin, aussi Maistre Patissier à Paris.*

Extrait des Registres de Parlement.

Entre Philippes Thevenin, Maistre Patissier à Paris, Appellant de la Sentence rendue par le Lieutenant de Police au Chastelet de Paris, le 31 May 1701. d'une part ; & Louis Pernet, aussi Maistre Patissier à Paris, & actuellement l'un des Jurez en charge, Intimé, d'autre part; & Michel Pigeon, Gratien Charton & Pierre Huart, aussi Maistres Patissiers à Paris, & actuellement Jurez en charge; Pierre Barré, Jean Boudet, Claude Georgemay, Nicolas Fremont, Charles Marie, Pierre Dubourg, Jacques Berthonnet, Martin Pol, Charles Devoulges, Claude Thierry, Pierre Boudin, André Nicolle, Henry Jullien, Claude Vignon, Jean Sollot, Pierre Jolly, Jean Cornette & Consorts, aussi Maistres Patissiers à Paris, Demandeurs en Requeste du 11 Juin 1701. à ce qu'ils fussent reçus Parties intervenantes, & à ce que faisant droit sur leur intervention Acte leur fust donné de ce qu'ils adhéroient aux conclusions dudit Pernet; & en consequence qu'il plust à la Cour sur l'appel de ladite Sentence du Lieutenant de Police interjetté par ledit Thevenin, mettre l'appellation au néant, ordonner que ladite Sentence du 31 May dernier seroit executée, & que ledit Thevenin seroit condamné en l'amende & aux dépens, d'une part; & lesdits Thevenin & Pernet Deffendeurs, d'autre. Aprés que de Lombreuil Avocat de Thevenin, de la Barre Avocat de Pernet, & Gillet Avocat de Pigeon & Consorts ont esté oüis: LA COUR a reçû & reçoit les Parties de Gillet Parties intervenantes, y faisant droit, ensemble sur l'appel, a mis & met l'appellation au néant; ordonne que ce dont a esté appellé sortira effet: condamne l'Appellant en l'amende de douze livres & aux dépens. Et néanmoins ne sera tenue la Partie de Lombreuil de sortir de la maison en question qu'à la Saint Remy prochain. Fait en Parlement le treiziéme Juillet mil sept cens un. Collationné. Signé, DU TILLET.

*Le vingtiéme Juillet mil sept cens un, signifié audit Lambotte Procureur.* Signé, SIMON.

# ORDONNANCE

## DE M. LE LIEUTENANT GENERAL DE POLICE,

*Portant que les Reglemens de la Communauté des Maistres Patissiers de la Ville & Fauxbourgs de Paris, seront executez; Fait deffenses à toutes personnes de crier, ni de porter des Oublies par les rues de ladite Ville & Fauxbourgs, s'ils ne sont avouez d'un Maistre de ladite Communauté, duquel ils seront tenus de prendre un Certificat par écrit; & des Jurez, une Empreinte de la Marque de leur Communauté.*

Du dix Janvier 1700.

SUr le Rapport à Nous fait en l'Audience de Police par Me Nicolas-François Menyer, Conseiller du Roy, Commissaire en cette Cour; Qu'il a reçû plainte des Jurez de la Communauté des Patissiers de cette Ville, contenant que par les Reglemens de Police il est deffendu à toutes personnes de crier des Oublies, s'il n'est avoué d'un Maistre de ladite Communauté; Que néanmoins depuis quelque temps plusieurs Vagabonds & Gens sans aveu ne laissent pas d'en crier, & sous ce prétexte s'introduisent dans les maisons, où ils volent & trompent au jeu ceux qui ont la facilité de jouer avec eux, se servant pour cela de faux Dez; Qu'il y a même actuellement dans les Prisons du Chastelet un de ces Particuliers qui a filouté une somme de cent cinquante livres en contrefaisant l'Oublieur, & que cet abus qui commence à passer en usage, pouvoit apporter un grand préjudice à l'honneur de leur Communauté; ils ont crû qu'il estoit de leur devoir d'en rendre leur plainte, & de Nous demander qu'il y fust pourvû. Surquoy Nous après avoir oüy ledit Commissaire en son Rapport, & que lesdits Jurez presens à l'Audience, ont persisté dans la plainte par eux rendue, & soutenu les faits y contenus; avons ordonné qu'il en sera informé à la requeste du Procureur du Roy: & faisant droit ſur les Concluſions des Gens du Roy, ordonnons que les Reglemens ſeront executez ; & conformément à iceux, faiſons déf enſes à toutes perſonnes de crier ny de porter des Oublies par les rues de la Ville & Fauxbourgs de Paris, s'ils ne ſont avouez d'un Maiſtre de ladite Communauté, duquel ils ſeront tenus de prendre un Certificat par écrit, & des Jurez une Empreinte de la Marque de leur Communauté, dont ils remettront inceſſamment le modele au Greffe pour en eſtre dreſſé procés verbal. Deffendons pareillement à toutes perſonnes, même auſdits Compagnons avouez, de crier ny porter des Oublies par les rues aux jours exceptez par les Statuts & Reglemens : Enjoignons aux Officiers & Archers du Guet, d'arreſter ceux qu'ils trouveront la nuit criant ou portant des Oublies, lorſqu'ils ne pourront leur repreſenter un Certificat du Maiſtre d'où ils ſe diront avouez, & l'Empreinte de la Marque de ladite Communauté. Et ſera notre preſente Ordonnance inſerée dans les Regiſtres d'icelles, lûe, publiée & affichée dans les Carrefours & Places publiques, à ce que perſonne n'en prétende cauſe d'ignorance. Ce fut fait & donné par Meſſire Marc-René de Voyer de Paulmy d'Argenſon, Chevalier, Conſeiller du Roy en ſes Conſeils, Maiſtre des Requeſtes ordinaire de ſon Hoſtel, & Lieutenant General de Police de la Ville, Prevoſté & Vicomté de Paris, le Mardy dixiéme jour de Janvier mil ſept cens deux. Signé, DE VOYER D'ARGENSON. CAILLET, Greffier.

*L'Ordonnance cy-deſſus a eſté lûe & publiée à haute & intelligible voix, à ſon de Trompe & Cry public, en tous lieux ordinaires & accoutumez, par moy Marc-Antoine Paſquier, Juré Crieur ordinaire du Roy en la Ville, Prevoſté & Vicomté de Paris, y demeurant, rue du milieu de l'Hoſtel des Urſins, accompagné de Claude Matelin, Louis Ambezar & Nicolas Ambezar Jurez Trompettes, le 21 Janvier 1702. à ce que perſonne n'en pretende cauſe d'ignorance, & affichée ledit jour eſdits lieux.* Signé, PASQUIER.

# SENTENCE

## DE M. LE LIEUTENANT GENERAL DE POLICE,

*Renduë en faveur des Maistres Patissiers de la Ville de Paris contre la Communauté des Marchands Fruitiers-Orangers, Beurriers-Fromagers-Cocquetiers de la même Ville.*

Du neuviéme Mars 1703.

A Tous ceux qui ces presentes Lettres verront, Charles-Denis de Bullion, Chevalier, Marquis de Gallardon, Seigneur de Bonnelles & autres lieux, Prevost de Paris, Salut. Sçavoir faisons, que sur la Requeste faite en Jugement devant Nous en la Chambre de Police, par Me Antoine-Hercules le Tellier, Procureur des Jurez en charge de la Communauté des Maistres Patissiers à Paris, Demandeurs en execution des Statuts & Reglemens de leurdite Communauté, & aux fins de la Requeste verbale d'intervention signifiée le 3 du present mois par Voisin Audiencier, tendante à ce que la saisie faite à la requête des Jurez Fruitiers-Beurriers du beurre acheté sur le carreau de la Halle pour le nommé Dubourg Maistre Patissier, soit déclarée nulle, & que les défenses leur feront faites de troubler les Maîtres Patissiers dans le droit & la possession qu'ils ont toujours eu d'acheter sur le carreau de la Halle le beurre dont ils ont besoin dans leur commerce, à peine d'amende, & de tous les dépens, dommages & interests; & encore Demandeurs en execution de nostre Sentence contradictoire du 2 Mars presens mois & an, assisté de Me Pillon leur Avocat, contre Me André Richer Procureur des Jurez de la Communauté des Marchands Fruitiers-Orangers, Beurriers-Fromagers-Cocquetiers de Paris, Demandeurs aux fins de leur Exploit de saisie du 17 Février dernier, fait par Gouf Sergent à Verge, controllé à Paris le 19 par Legrand, & Défendeurs à ladite Requeste d'intervention, assisté de Me Porchon leur Avocat; & contre Me René

Foyneau,

Foyneau Procureur de Pierre Dubourg Maistre Patissier à Paris, Demandeur suivant son exploit fait le 17 Février dernier de l'Ordonnance du Commissaire Duplessis, au sujet de la plainte à luy renduë ledit jour, & aux fins de son acte signifié le vingt-six dudit mois, & Deffendeur à ladite saisie & à ladite Requeste, assisté de Me Forestier son Avocat, & Me Pennet Procureur de Gilbert Prevost Marchand de beurre forain, assisté de Me Quillet son Avocat; Parties oüies, lecture faite des Statuts & Reglemens desdites Communautez, dudit exploit de saisie fait à la requeste desdits Jurez Beurriers. Requeste & autres pieces des Parties: Nous faisant droit sur les contestations des Parties, ordonnons que les Statuts des deux Communautez seront executez selon leur forme & teneur; ce faisant maintenu & gardé les Maistres Patissiers de cette Ville dans le droit & possession d'acheter les beurres de la premiere main des Marchands forains concurremment avec les Marchands Fruitiers-Orangers, Beurriers-Fromagers & Cocquetiers, & à la même heure que lesdits Fruitiers feront entre eux le lottissement des beurres, néanmoins aprés que l'heure des Bourgeois sera passée, & que les beurres auront été visitez par lesdits Jurez Fruitiers; laquelle visite ils seront tenus de faire incessamment avant que de pouvoir proceder audit lottissement; Faisons main-levée pure & simple à la Partie de Forestier des beurres qui ont été sur lui saisis. Et aprés que Porchon pour lesdits Jurez Fruitiers a soutenu que ledit Prevost Marchand forain, Partie de Quillet, ne veut pas souffrir la visite, qu'il envoye les paniers de beurre en droiture chez les Patissiers, & qu'il met un faux prix ausdites marchandises de beurre, pour en produire la cherté; soutenu au contraire par ladite Partie de Quillet, avant faire droit, avons permis aux Parties de faire preuve respectivement de leurs faits pardevant le Commissaire Duplessis, pour l'Enqueste faite, rapportée & communiquée aux Gens du Roy, estre fait droit aux Parties, ainsi que de raison, la moitié des dépens compensez entre les Parties, & l'autre moitié reservée; ce qui sera executé sans préjudice de l'appel. En témoin de ce Nous avons fait seeller ces Presentes. Ce fut fait & donné par Messire Marc-René de Voyer de Paulmy, d'Argenson, Conseiller du Roy en ses Conseils, Lieutenant General de Police, tenant le Siege le Vendredy neuviéme Mars mil sept cens trois. Collationné. Signé, TARDIVEAU.

*Signifié ausdits Richer, Foyneau, Pennet, à domicile le 26. Avril 1703.*

Ceux qui voudront aller acheter du Beurre & autres choses sur le carreau, sont avertis de porter plusieurs pieces de cuivre de la largeur d'une piece de dix-huit sols, un peu plus épaisses, où il y aura d'un côté le nom du Maistre, & de l'autre l'année, qui serviront pour lottir.

---

A Tous ceux qui ces presentes Lettres verront, Charles-Denis de Bullion, Chevalier, Marquis de Gallardon, Seigneur de Bonnelles & autres lieux, Conseiller du Roy en ses Conseils, Garde de la Prevosté de Paris, Salut. Sçavoir faisons, que veu la Requeste à Nous presentée par les Jurez de la Communauté des Maistres Patissiers Oublayers de cette Ville de Paris, tendante à ce qu'il Nous plust en confirmant & executant les Ordonnances, Arrests & Reglemens, faire derechef deffenses à tous Maistres Patissiers Oublayers d'envoyer à l'avenir vendre & débiter par leurs Apprentifs, Compagnons, Domestiques ou autres, dans les Rues, Marchez, Carrefours & Places publiques, ny dans les Cabarets, Hostelleries & autres endroits, leurs marchandises de Patisserie, attendu les inconveniens qui arrivent journellement, tant par la corruption, que par l'abandon desdits Apprentifs, lesquels par le colportage continuel desdites marchandises esdits lieux, & lesquelles sont le plus souvent corrompues, & indignes d'entrer dans le corps humain, que par l'abandon; lesquels par le colportage continuel desdites Marchandises esdites Places & Lieux, consomment inutilement le temps de leur apprentissage sans rien apprendre de leur métier: Et ce qui est d'une plus dangereuse consequence pour eux, s'adonnent au jeu, à la faineantise, à la débauche, & finalement à toutes sortes de desordres, par la fréquentation continuelle qu'ils ont en colportant lesdites marchandises, avec les faineans, coupeurs de bourses, & autres gens de leur cabale, dont lesdits lieux publics sont ordinairement remplis; ausquels inconveniens les pauvres Apprentifs, la plûpart sans aucuns parens qui puissent veiller à leur conduite, sont sujets par le propre fait de leurs Maistres, qui par un mépris à la Justice, contreviennent impunément aux deffenses portées par plusieurs desdits Arrests & Reglemens, & par nos Sentences de Police; comme aussi à ce que deffenses fussent faites à tous Maistres d'étaler & d'avoir des tables esdits carrefours & lieux publics, ny aux coins des rues, & proche des boutiques des autres Maistres, qui se voyent par-là frustrez du débit de leurs marchandises dans leurs boutiques; ce qui cause leur ruine par les grands loyers qu'ils ont le plus souvent à payer desdites boutiques & maisons qui sont cheres. L'Ordonnance de Nous délivrée au bas de ladite Requeste, portant qu'elle seroit montrée au Procureur du Roy: Les Conclusions dudit Procureur du Roy au bas de ladite Ordonnance, à ce qu'Assemblée fut faite pardevant Nous, & en sa présence, des autres Maistres qui ont passé la Jurande, de six Modernes & de six Jeunes, pour donner leur avis sur le contenu en ladite Requeste; nostre Sentence rendue sur ladite Requeste le 31 Janvier dernier, qui a ordonné ladite Assemblée, conformément ausdites Conclusions; & nostre Procès verbal du 26 Février ensuivant, contenant l'avis desdits Anciens, Modernes & Jeunes, pour ce assemblez en nostre Hostel, en presence du Procureur du Roy; Tout vû, ensemble lesdits Arrests & Reglemens, & Sentences de Police mentionnez en ladite Requeste: Nous ayant egard à ladite Requeste, & conformément aux Conclusions du Procureur du Roy, Ordonnons que les Reglemens, Arrests & nos Sentences de Police seront executez, & en consequence faisons iteratives deffenses à tous Maistres Patissiers Oublayers, de faire colporter hors leurs boutiques aucunes marchandises de Patisserie par leurs Apprentifs, Domestiques ou autres, pour les vendre & débiter dans les carrefours, lieux & places publiques, cabarets & hostelleries, à peine de cinq cens livres d'amende, & de confiscation desdites marchandises: Faisons aussi deffenses à tous Maistres d'avoir chez eux, & en même temps plus de deux Apprentifs chacun; Enjoint à ceux desdits Maistres qui ont un plus grand nombre d'Apprentifs, de les mettre hors de leurs boutiques, & en remettre leurs Brevets d'apprentissage entre les mains des Jurez, pour leur être pourvû d'autres Maistres, & lesdits Apprentifs à parachever le temps porté par leursdits Brevets; Faisons pareillement deffenses à tous Maistres d'étaler & mettre des tables dans les lieux & places publiques, aux coins des rues, ny proche les boutiques des autres Maistres, aussi à peine de confiscation de leurs marchandises & de cent livres d'amende. Enjoint aux Jurez de tenir la main à l'execution des Presentes, lesquelles seront lûes & publiées dans la Chambre de la Communauté, registrées au Registre d'icelle, & executées nonobstant oppositions ou appellations quelconques, & sans préjudice d'icelles: En témoin de quoy Nous avons fait sceller ces Presentes. Ce fut fait & donné par Nous GABRIEL-NICOLAS DE LA REYNIE, Chevalier, Conseiller ordinaire du Roy en son Conseil d'Estat, Lieutenant General de Police de la Ville, Prevosté & Vicomté de Paris, le quatriéme jour de Mars mil six c ns soixante-dix-huit. Délivré pour seconde Grosse le dix-neuviéme jour de Juillet 1700. Collationné, TARDIVEAU.

---

*Extrait des Registres de la Cour de Parlement.*

ENtre Antoine Guerin, Jean le Blanc & Charles Gosse, Maîtres Patissiers à Paris, Appellans de deux Sentences par le Lieutenant de Police au Chastelet de Paris, les 8 & 15 Janvier 1700. d'une part, & les Jurez-Gardes de la Communauté des Maistres Patissiers de cette Ville de Paris, Intimez d'autre, aprés que Gaignaut, Procureur de la Communauté des Patissiers, a demandé la reception de l'appointement avisé au Parquet des Gens du Roy, où les Parties avoient été renvoyées par Arrest contradictoire du 23 Juin dernier, & paraphé de Daguesseau pour le Procureur General du Roy, & signifié le 13 Decembre dernier à Gaignaut & G. Guiot Procureurs : LA COUR ordonne que l'appointement sera reçû, & suivant iceluy a mis les appellations & ce dont a été appellé au néant, en ce que les Appellans ont été condamnez chacun en dix livres d'amende, & en pareille somme de dommages & interests ; émendant, quant à ce les décharge desdites condamnations, lesdites Sentences au résidu sortissantes effet ; & sera la Sentence du 4 Mars 1678. ensemble l'Arrest du 3 Juin 1683. lûe & publiée en la Chambre de la Communauté desdits Maistres Patissiers, & enregistrée au Registre d'icelle, à la diligence des Jurez estant presentement en charge ; condamne les Appellans aux dépens de la Cause principale, & en la moitié de ceux de la Cause d'appel, l'autre moitié compensée. Fait en Parlement le vingt-sept Novembre 1700. Collationné, DU TILLET.

*Lû, publié & enregistré la Sentence & Arrest cy-dessus, en la Chambre de la Communauté, en la presence des Anciens de ladite Communauté pour ce mandez, pour estre executez selon leur forme & teneur, du temps de la Jurande de Michel Pigen, Gratien Charton, Louis Pernel & Pierre Hicart, tous Jurez en charge de ladite Communauté, le vingt-deux Decembre mil sept cens.*

## SENTENCES POUR LA CONFRERIE,

*Qui ordonne qu'il sera payé par chacun Maistre quinze sols par an pour ladite Confrerie.*

A Tous ceux qui ces presentes Lettres verront. Achilles de Harlay, Chevalier Conseiller du Roy en ses Conseils d'Etat & Privé, son Procureur General, & Garde de la Ville, Prevosté & Vicomté de Paris, le Siege vacant, Salut. Sçavoir faisons, que vû la Requeste à Nous présentée par les Jurez & Gardes de la Communauté des Maistres Patissiers Oublayers, Faiseurs de Pain à chanter à Paris ; Contenant que de tout temps ils ont été érigez en Maistrise, comme ils avoient une devotion particuliere à l'Ange S. Michel, ils le prirent pour Protecteur & Patron, &

auroient obtenu de Sa Sainteté des Bulles d'Indulgences, portant qu'il leur est libre de faire dire le Service Divin, tant la Feste de Saint Michel, jours des Festes de la Vierge, que autres Festes, lesquelles Bulles ont esté renouvellées par le Pape Clement X. en l'année 1672. mais que depuis ledit tems quelque procès se seroit mû entre lesdits Jurez Gardes & autres Maistres de ladite Communauté, prétendant que ce n'estoit point aux Maistres de Confrerie pour lors en charge de faire dire le Service pendant lesdites Festes; si-bien que sur cette contestation seroit intervenu nostre Sentence du 31 Aoust 1677. portant que ce seroit les deux plus jeunes Jurez reçûs en charge en ladite Communauté alternativement chacune année qui feroient dire & célebrer le Service Divin; Et comme lesdits Maistres de Confrerie estoient obligez de faire dire & célebrer le Service tous les ans pour chacun Maistre & Maistresse Patissiers qui décedent, des deniers que les Maistres dudit Métier donnent volontairement selon leurs facultez, lorsqu'ils vont à la Queste qui se fait ordinairement aux jours qui sont les plus proches de la Feste de Saint Michel, & que depuis nostredite Sentence lesdits Maistres Patissiers n'ont tenu compte de payer ce qu'ils avoient accoutumé de donner & mettre dans la Boëte de ladite Communauté, & par ainsi les Services mortuaires ne peuvent estre continués, d'autant qu'aucuns desdits Maistres disent qu'il n'y a plus de Maistre de Confrerie; pourquoy lesdits Jurez & Gardes auroient esté conseillez de Nous donner leur Requeste, & requeroient qu'il Nous plust ordonner que tous les Maistres de ladite Communauté seroient tenus de donner aux Jurez qui vont faire la Queste tous les ans, chacun trente sols, ou autre somme qu'il Nous plairoit, dont lesdits Jurez tiendront un Registre, pour estre lesdits deniers employez à la continuation desdits Services qui ont accoutumé d'estre célebrez, comme dit est. Nous ayant égard à ladite Requeste, & faisant droit sur les conclusions du Procureur du Roy, estant au bas d'icelle de ce jourd'hui: Disons que les anciens Maistres Patissiers qui ont exercé la Jurande, vingt Modernes & vingt Jeunes feront affemblez pardevant Nous en prefence dudit Procureur du Roy, pour donner leur avis fur le contenu en ladite Requefte, dont fera dreffé Procès verbal, pour iceluy vû & communiqué audit Procureur du Roy, eftre ordonné ce qu'il appartiendra : En témoin de quoy Nous avons fait fceller ces Prefentes du Seel de la Ville, Prevofté & Vicomté de Paris. Ce fut fait & donné par Meffire Gabriel-Nicolas de la Reynie, Confeiller du Roy en fes Confeils, Maiftre des Requeftes ordinaire de fon Hôtel, & Lieutenant Géneral de Police de la Ville, Prevofté & Vicomté de Paris, le vingt-deux Aouft mil fix cens foixante-dix-neuf. Collationné. Signé, SAGOT, Greffier.

---

A Tous ceux qui ces prefentes Lettres verront, Achilles de Harlay, Chevalier Confeiller du Roy en tous fes Confeils d'Eftat & Privé, fon Procureur Géneral & Garde de la Ville, Prevofté & Vicomté de Paris, le Siege vacant, Salut. Sçavoir faifons, que vû la Requefte à Nous prefentée par les Jurez & Gardes de la Communauté des Maiftres Patiffiers Oublayers Faifeurs de Pain à chanter à Paris ; contenant que de tout temps ils avoient efté érigez en Maiftrife, & comme ils avoient une dévotion particuliere à Saint Michel, ils le prenoient pour leur Protecteur & Patron, & avoient obtenu de Sa Sainteté des Bulles d'Indulgences, portant qu'il leur eftoit libre de faire dire le Service Divin, tant la Fefte de Saint Michel, jours de Feftes de la Vierge, qu'autres Feftes ; lefquelles Bulles avoient été renouvellées par le Pape Clement X. en l'année 1672. que depuis ledit temps quelque procès s'eftant mû entre les Jurez & Gardes & autres Maiftres de ladite Communauté au fujet de ladite Confrerie, feroit intervenue noftre Sentence le 31 Aouft 1677. par laquelle Nous aurions ordonné que les deux jeunes Jurez alternativement auroient foin de faire dire lefdits Services, enfemble les Services mortuaires qui fe faifoient chacun an pour les Maiftres & Maiftreffes de ladite Communauté ; Et d'autant qu'il y avoit beaucoup de Maistres qui estoient refusans de payer les droits qu'ils avoient accoutumez pour lesdits Services, ils requeroient qu'il Nous plust ordonner que tous lesdits Maistres de ladite Communauté seroient tenus de payer aux Jurez qui alloient faire la Queste tous les ans, chacun trente sols, ou telle autre somme qu'il Nous plairoit; dont les deux Jurez tiendroient Registre, pour estre lesdits deniers employez à faire continuer les Services accoutumez; nostre Sentence rendue sur ladite Requeste le 22 Aoust dernier, portant que les anciens Maistres Patissiers qui ont exercé la Jurande, vingt Modernes & vingt Jeunes Maistres seroient assemblez pardevant Nous en la presence du Procureur du Roy, pour donner leur avis sur le contenu en ladite Requeste, dont seroit dressé Procés-verbal, pour iceluy vû & communiqué audit Procureur du Roy le 30 dudit mois d'Aoust, contenant les comparutions, sermens & avis desdits Maistres assemblez en execution de nostredite Sentence, & les Conclusions dudit Procureur du Roy estant au bas d'iceluy du quatre du present mois. NOUS faisant droit sur les Conclusions dudit Procureur du Roy, avons l'avis porté par ledit Procés verbal dudit jour 30 Aoust dernier homologué, & suivant iceluy ordonné que les Maistres Patissiers seront tenus de payer chacun quinze sols par an, pour fournir à la dépense de ladite Confrerie, dont lesdits Jurez tiendront Registre pour en rendre compte: En témoin de quoy Nous avons fait sceller les Presentes. Ce fut fait & donné par Messire Gabriel-Nicolas de la Reynie, Conseiller du Roy en tous ses Conseils, Maistre des Requestes ordinaire de son Hostel, & Lieutenant Géneral de Police de la Ville, Prevosté & Vicomté de Paris, le quatriéme jour de Septembre mil six cens soixante-dix-neuf. Collationné. Signé TENICHEL, avec paraphe.

SENTENCE

www.ingramcontent.com/pod-product-compliance
Ingram Content Group UK Ltd.
Pitfield, Milton Keynes, MK11 3LW, UK
UKHW021504260726
13993UKWH00004B/1548

9 782329 244709